不動産を活かした事業支援や中小企業再生など
キャリア40年　常に時代を先取りしてきた専門家が書いた

不動産活用の教科書

税理士・経営戦略コンサルタント
塩見 哲

プラチナ出版

図表1 不動産有効活用のためのロジックツリー

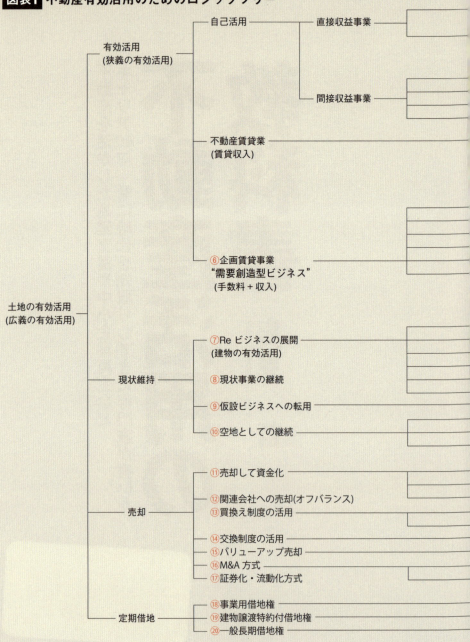

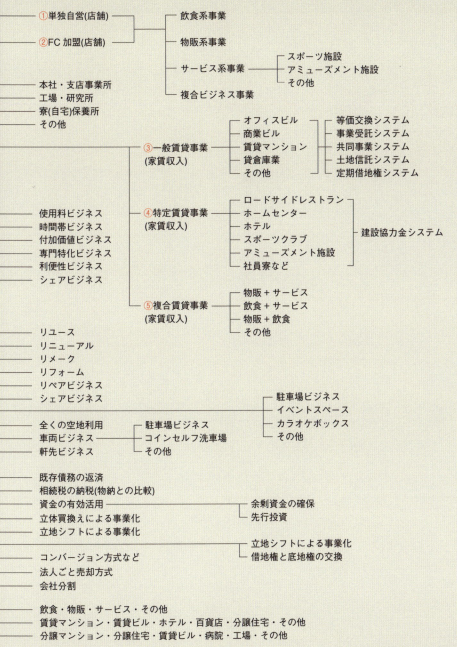

ダンコンサルティング(株)作成

装丁・DTP　タイプフェイス

推薦のことば

　私は東京アプレイザルを設立して38年になる不動産鑑定士です。様々なケースの鑑定依頼やコンサルティングを行ってきました。その中で、著者の塩見先生とは25年来のお付き合いをさせていただいています。

　塩見先生は税理士という資格を持ちながら、企業経営や不動産戦略をベースにした業務を43年にわたり実践されてこられました。数多くの中小企業経営者や不動産オーナーの方々から相談を受け、知識や見識に新しい考え方を取り込んで不動産の有効利用の具体策を提案されてきた実績があります。

　今回、塩見先生が仕事の中でも講演活動においても提言されてきたFRE（Family Real Estate）としての不動産の戦略的活用に関する書籍を発刊されるということを聞き、非常に嬉しく思います。

　FREとは、CRE（Corporate Real Estate）という大企業向けの不動産活用戦略を中小企業や個人所有者向けに定義されたもので、不動産を戦略的に取り込むことで新しい価値を付加していく発想法のことです。

　日本社会は人口減少時代と多死社会を迎えています。2018年は新生児数が94万人、死亡者数が134万人と約40万人の減少です。現在、東京都圏内は増加していますが、これも2025年からは減少に転ずるとみられています。

　それに伴い、空き家や空室が増え続けています。2018年には846万戸になり、全国総数に占める率は13.6％です。さらに、2033年には1955万戸になると予測している調査結果もあります。つまり、建てても需要がないという時代に突入しているということなのです。

相続対策などで、知人に勧められた、営業マンが良さそうだった、サブリースなので心配ない、駅に近いから大丈夫だ・・といった理由で賃貸マンションを建てたケースを数多く見てきました。需要が増え続ける戦後の時代（1450年～1995年）はそれでも良かったのでしょう。

　しかし、これからの時代の不動産活用ではそうはいきません。安易な計画であればむしろ何もしない方が良いということにもなりかねません。不動産の有効活用はどのようにあるべきかという命題から逃れられない経済・社会情勢にあり、いかに不動産を長期的な視点と計画で戦略的に診断し、付加価値を見出す活用を行うか、それこそがこれからの時代の本当の「不動産活用」になります。

　本書は土地所有者にとって、少なくとも今後の30年先を見据えた不動産活用の最善の方法は何かという気づきを与えてくれるとともに、方向性を誤らないための羅針盤の役割を果たすものであると確信しています。

　不動産オーナーとそのご家族、不動産業界の関係者、弁護士・税理士、不動産鑑定士等の士業、公認不動産　コンサルティングマスター等のコンサルタントを始め、数多くの方々に是非とも一読していただければと願います。

2019年5月31日
株式会社東京アプレイザル
不動産鑑定士　芳賀　則人

はじめに

　不動産を上手に活用するということは、その土地や建物を活かして所有者と社会に貢献するということです。

　そのためには4つの要因（オーナー要因・社会要因・環境要因・立地要因）を調査分析して、「何のために」「何を」「どのように」という視点から活用計画を立てていく必要があります。

　特に、個人や中小企業の所有する不動産は大規模企業のように不動産を戦略的に活用しているケースが極めて少ないと言っても過言ではありません。そのため、CREならぬFREとして戦略的に活かす必要が生じ出しています。

　FREとはFamily Real Estateのことです。個人や同族中小企業の所有する不動産を広い意味でファミリー不動産と捉えています。こうしたファミリーの所有する不動産を戦略的に診断していくことが、これからの不動産価値を守ることにつながってくるはずです。

　ここでいう戦略的とは、「所有者にとって」「不動産にとって」「社会にとって」、さらには、「長期的な視点」で検討して不動産を活かすということです。

　単なる管財的なスタンスで所有していたのでは不動産が「負動産」になり出しているという事実に気付けません。個人や中小企業が所有している不動産を戦略的に活用することで不動産に新しい付加価値を生み出せるのです。

　第0編は、不動産を有効に活用するために不動産オーナーから見たロジックツリーを中心にまとめました。不動産を活かすためには大別すると4つのパターンがあります。不動産オーナーの考え方を中心にして対象となる不動産に社会性を持たせる活用法を生み出すためのストーリー戦略とも言えます。

基本形を理解しておくと活用の方向性が見えてくることでしょう。

第1編では、数十坪の土地を所有している中小企業が、今後の事業展開の中でどのように不動産を戦略的に活用（活用には、売却・買換え・交換・現状維持なども含みます）していくことがベストな選択なのかを考える際に採るべき道筋を示しています。

前記の4つの要因をさらに35のポイントに分解することで、それぞれをどのように調査して企画に落とし込むこととすればよいかについてもかなり詳細にまとめるようにしました。実際に土地を活かすために、どうすればよいのかという場合の一種のマニュアルといってもよいでしょう。各専門家や関わっている様々な企業との交渉の仕方なども具体的に示しています。

第2編は、中小企業や個人が所有している不動産をどのような角度から見つめ直すと、所有者である中小企業や個人のその後の展望が開けていくのか、といった実践的なケーススタディ集と言えます。いずれも土地や建物という不動産を所有している中小企業が、自社の継続に黄信号がともった状況において、時代にマッチした不動産活用をすることで、次のステップに駆け上がっていったケースばかりです。

再建計画や事業継承、株式対策など、様々な中小企業の困難時においてのヒントが隠されていると考えます。

現状の所有不動産を検証するためには、塩見式不動産経営管理シートを活用すると理解が早まります。この不動産経営管理シートの作成法と利用法をまとめたのが第3編です。

上手に使われると不動産活用の戦略的管理だけでなく、不動産の相続対策の提案までつながってくるはずです。

　本書は、不動産の所有者だけでなく、不動産活用を事業として展開されている公認 不動産コンサルティングマスターなど、不動産活用のプロフェッショナルの方々にも参考になると考えています。その意味からも「不動産活用の教科書」として利用してください。

2019年（令和元年）6月6日
塩見　哲

CONTENTS

推薦のことば ―――――――――――――――――― 001
はじめに ――――――――――――――――――――― 003

第0編 所有者の視点から見る不動産活用の考え方

1. 不動産の有効活用とは何か ――――――――――――― 012
2. ロジックツリー（狭義の有効活用）の読み方 ――――― 014
3. 不動産活用と不動産相続 ―――――――――――――― 022

第1編 不動産調査における四大要因の分析と企画の立て方

第1章
オーナー要因の調査・分析のピックアップとポイント整理の仕方

1. オーナー要因の分析の仕方 ――――――――――――― 028
2. オーナー要因の3つの要素 ――――――――――――― 034

第2章
社会要因の調査方法と分析法
1. 社会要因の分析の仕方 ———————————————————044
2. 事例における社会要因のピックアップ ———————————053

第3章
環境要因の調査とポイントの見つけ方
1. 環境要因の調査・分析の仕方 ————————————————058
2. 事例における環境要因のピックアップ ———————————068

第4章
立地要因の調査とまとめ方
1. 立地要因の調べ方 —————————————————————072
2. 土地の条件と活用方法の関係 ————————————————081

第5章
立地診断フォーマットの作成法と
テナント交渉の具体例
1. 立地診断フォーマットとテナント交渉 ———————————086
2. テナント計画〜住居ゾーンの入居者選定の仕方 ——————097

第6章
レバレッジ効果としての資金調達と
金融機関との交渉の仕方
1. 資金調達計画①　設備投資資金の考え方 ——————————108
2. 資金調達計画②　レバレッジ効果と返済余裕率 ——————121

第7章
建設会社や管理会社の選定方法

1. 建設会社の選定方法 ──────────── 134
2. 建物管理業者への依頼法 ──────── 141

第8章
不動産コンサルティングとしての
不動産活用業務の見せ方

1. フラグメンテグレーションの仕組み ──────── 148
2. フローチャートによる企画の見える化 ──────── 151

第2編 不動産活用による会社再生物語

Case study 1
3つの課題をどう解決するか? ──────── 163

立地と事業の最適化戦略 / 町づくりにも応用 / A社の課題 / 本当の悩みは何か / 会社分割と立地変更 / テナントミックスによるリーシング / A社がX社、新A社が従来業務を継続

Case study 2
土地を活かした新規事業の組み立て方 ── 175

商品開発より難しい土地活用 / 顧客の顔が見えているか / 事業転換を図ったB社 / 土地資源をどう活かすか /「顧客は誰か」から考える / 顧客に聞く / なぜ差異化するのか（売り物は何か）/ イニシャルコストの決め方 / CRE戦略の本質

Case study 3
土地も事業もシフトした企業継承の実践法 ── 189

立地環境型から需要創造型へ /「需要＜供給」の時代の土地活用 / 業種型か業態型か / 衰退してきたC社事業 / 事業と立地のミスマッチ / 法人税法の買換え特例の適用 / 土地と事業の転換

Case study 4
自社ビル活用における投資リターンの考え方 ── 203

使用価値を生み出す2つのポイント / 土地が脇役の時代 / 所有不動産の自社活用の課題 / 非常時バランスシートの作成法 / 本社活用の判断基準 / オーナー要因と社会要因のまとめ方 / テナントミックスの調査

Case study 5
地域活性化としての
事業用定期借地権の活かし方 ── 219

CREとは「不動産の利用・使用」/ 土地を所有していない企業の土地活用 / 使えなかった土地の活用 / 複雑な所有者が一本化 / 現状分析と提案内容 / 最大の目的は地域社会の活性化 / 事業用借地権者のテナントミックス / 事業用借地権の応用

Case study 6
不動産賃貸事業の
需要創造型ビジネスの発想法―――231

「考えて貸す」時代 / テナントミックスの4つの考え方 / マーケティングとイノベーションを考える / 企画賃貸事業の6つの分類 / 使用料ビジネスの具体例 / 中小ビルのネーミングライツ

Case study 7
含み益の多い不動産所有会社の会社分割――243

H不動産所有会社の現状と変遷 / 取締役間の意見の相違 / 不動産経営管理シートから見えたこと / 思いもかけない株価の高騰 / 会社分割を活かす

第3編 不動産の健康診断書（不動産経営管理シート）の作り方と使い方

1. 不動産経営管理シートの活用―――261
2. 不動産の4つの評価の作成法―――268
3. 不動産債務の作成方法と自己資本の判定法―――280
4. 利益分析表（簡易P/L）の作成法―――284

第0編

所有者の視点から見る不動産活用の考え方

1 不動産の有効活用とは何か

　20数年前（1996年）に、公認 不動産コンサルティングマスター（当時は不動産コンサルティング技能登録者）向けの「専門教育」のテーマを考えてほしいという依頼を受けました。今後は専門的で、かつ、時代に合った新しい知識や情報を提供することが不動産コンサルティング業務の発展につながるため「専門教育」の講座を開設したいというわけです。

　コンサルティングを行うためには、そのコンサルティングが対象となる市場性が重要です。そこで、今後の時代の流れを鑑み、「不動産活用」と「不動産相続」に関するテーマを提案しました。この２つは、これからの不動産コンサルティング業務の二本柱になると考えていたからです。

　バブル崩壊までの日本の不動産業界は、人口急増の時代背景から「需要 ＞ 供給」の社会が続いてきました。そのため、ビジネスの主流は売買業、及び売買に関する仲介業が不動産業のベースを占めていたのです。

　筆者は、オイルショック後の1976年から中小企業の再建や整理などという仕事に携わっていました。再建をする中小企業には古くから所有している不動産を抱えているケースも多く、あまり上手に活用されているとは言えない時代でもあります。**活用されていないというのは、その不動産の時価に適した活用法がされていなかったということです。**

　企業を活性化させるためには、戦略的な投資に対して効率的な収益を上げる仕組みを考えていかなくてはなりません。ところが、現在では日常語になりだした総資産経常利益率（ROA：Return On Asset）を意識した経営スタイルを確立している中小企業は、当時

はほとんどなかったのです。

　ROAを考える場合に、企業はバランスシートの総資産（時価）がベースとなりますが、不動産の場合は土地等や建物等の時価がベースとなります。要するに、この不動産は本来どれだけの収益を稼ぐことができるのかの基準を作り、その基準を下回っている活用法は、収益力以外の大きな理由（土地所有者の戦略や方向性など）がない限り、徹底的に見直す必要があるとして再生手法を考えていかなければなりません。

　同時に、立地面から見て収益性に限界がある場合には、さらに分解して検討していきます。売却することで資金化を図り、借入債務を減少させることで収益力を高めるべきか、他の投資によって企業全体の価値を高めるかなどをシミュレートしていくわけです。まさに経営再生の手法を不動産の再生に置き換えて活用法を生みだしていました。

　こうした業務を数多くこなすことで、不動産の活かし方には本書冒頭の口絵**図表１**の不動産有効活用ロジックツリーのような様々な対応法があるとして、「土地活用入門」とか「土地活用ケーススタディ」など、いくつかの出版物にまとめていきました。

　不動産有効活用ロジックツリーには大きな意味があります。**図表１の左側には不動産オーナーが存在します。あくまでも、不動産オーナーが「何のために」不動産を活用して、「どのようになりたいのか」という未来像を掲げることが重要なのです。**

　不動産オーナーに寄り添って不動産の専門家が相談に乗り、提案やシミュレーションを行い、具体的にその事業を実行していくためのサポートを行うための１つの道程がロジックツリーと考えればよいでしょう。

　その結果、一般社団法人 金融財政事情研究会やダイヤモンド社

のファイナンシャルプランナー（FP）養成講座などで、不動産活用に関しての講義やテキストの作成、あるいは、数多くの雑誌で連載をする機会を得ました。

さらに、『日経トップリーダー』（当時は、『日経ベンチャー』）誌でも不動産活用などの原稿を執筆することとなり、その後創刊された『日経リアルエステート』誌（現在休刊中）では、創刊号から数十回にわたって土地活用講座を担当することとなりました。

土地活用講座は、事業と立地がどうフィットするかについて、事業計画の立案と実行シミュレーション（数値計画）を毎回行いました。さらにバージョンアップして、これからの時代で「成長力があると考えられる新規事業」と「土地の立地条件」を検証しながら事業計画を立てていく講座に変わっていったのです。

誕生間もない「100円ショップ」や「シミュレーションゴルフ」、あるいは「インキュベーションオフィス」「都心型トランクルーム」「無人タイムパーキング」などのベンチャー企業を取材して、「様々な新規事業」を「立地」と「周辺環境条件」を意識しながら財務分析の手法を用いて執筆しました。まさに土地所有者から相談を受けてテーマに合った事業を営む場合の事業計画シミュレーションを行っていたということです。

2 ロジックツリー（狭義の有効活用）の読み方

自己活用型の有効活用

土地は、一度手放してしまえば同じものは手に入らないと考えるべきであり、同時に、売却には法人税や所得税、あるいは地方税が課税されます。それでも、十分な検討を行った結果、将来にわたって、あるいは現時点においても、土地を売却することが最善の策で

あれば、これも広い意味での有効活用といえます。

　もちろん、現状のまま凍結するという選択も有効活用の一種です。広義の有効活用と、その土地に付加価値を付けて新しいシステムを構築していくという狭義の有効活用があることを理解しておく必要があります。

　狭義の有効活用とは、対象土地を利用して収益を上げることです。この収益事業は３つにパターン化されています。

　１つめは自己活用型と呼ばれているものです。この自己活用はさらに直接収益事業と間接収益事業に分かれます。そのうち、直接収益事業には単独型とFC型に分類できます。

　単独型とは、その土地の上で自らが経営主体となって何らかの事業を行うことです。この場合、不動産は事業遂行上必要な要素ではあるものの、直接に収益を生み出すものにはなりません。つまり、土地を活用した新規事業というわけです。

　この単独独立事業は、オーナー自身の、あるいは自社の夢やビジョンをベースにした事業戦略につながります。要するに、やりたい・やるべき事業（「好きな」と置き換えてもよい）があって、そのために土地を活かそうというわけです。まず事業があって、その事業がこの土地にマッチしているかどうかを提案することが有効活用ということになります。

　フランチャイズチェーン（FC）への加盟による新規ビジネスがもう１つの直接収益事業です。一から立ち上げていくには時間やコストがかかりすぎる、そのうえノウハウもない、流通ルートもこれから開拓していく、というケースなら、経営資源にあったFCビジネスを展開することが考えられるわけです。最近では、複数のFCへの加盟で大型化している店舗も各地で生まれています。ただ、どのFCを選択するかがビジネスの分岐点になるため、最も注意を払

わなくてはなりません。特に、FCシステムはそろそろ過渡期にきているため、本部の選択は業種の選択とともに重要です。

一方、間接収益事業とは、自社が本社・支店・工場・社宅などとして活用するということです。個人なら、自宅や別荘などが該当するでしょう。

この場合のポイントは、本社ビルであれ、自宅であれ、第三者に賃貸するとどのくらいの利廻り率になるかを検証しておくということです。これが不動産を購入したり、建て直したりする場合の安全弁になるからです。

不動産賃貸型の有効活用

狭義の不動産活用の2つめは不動産賃貸業です。賃貸ビルや賃貸マンションといったオーソドックスな有効活用の大半はこのケースに該当します。さらに、不動産賃貸型は4つのタイプに分かれます。

1つは不特定多数のテナントが対象になるものであり、2つめは、あらかじめ特定多数または少数のテナントを決めておき、そのテナントの仕様に沿った施設を建築して賃貸するタイプです。

前者にはオフィスビル、商業ビル、貸倉庫事業などが、後者には、ホテル、ホームセンター、スポーツクラブ、ロードサイドレストラン、アミューズメント施設などが該当します。

ところが、最近ではオフィスビルや賃貸マンションが一棟貸しや社宅・寮あるいはケアハウスなどに使われ始めています。つまり、本来一般賃貸型のものが特定のテナント向けに賃貸されるケースが生まれてきているため、厳密な意味での区分けが難しくなってきていると言えます。要は、建設する前にテナントが決定しているのか建設後に募集するか、の違いと考えるべきでしょう。

さらに複雑になってきたのは、3つめの複合賃貸事業の出現で

す。基本的には、特定賃貸の一種と考えてもよいのですが、最近の土地活用のパターンには欠かせない手法となってきました。要するに、物販業、サービス業、飲食業といったテナントミックスによる事業手法です。

　これには同業種型と異業種型が存在し、さらに、都心型と郊外型のタイプとして縦型と横型に分類できます。異業種型とはサービス業を軸とした業種の組み合わせであり、同業種型とは飲食業の集合体や「医療村」「メディカルビル」などといった複合ビジネスのことをいいます。今後の土地活用においては、こうした複合事業が主流となり得るでしょう。

企画賃貸型の有効活用

　大別すれば、自己活用型は高収益や本格的な新規事業を指向し、不動産賃貸型は安定収益を第一義として選択されることが多くなります。特に自己活用と特定賃貸や複合賃貸は、事業主体が違うだけで、そこで行われる事業そのものは基本的に同じことです。

　賃貸事業でも、事業企画や建築企画、あるいは資金調達などは自ら行うことになり、テナント募集にしても見込みどおりになるとは限りません。安定収益といっても事業が軌道に乗ってからのことなのです。

　特定賃貸にしても、相手が決まるまで事業には着手できないことになり、ワンテナントに全てを依存することになるので、その選択には注意が必要です。したがって、土地所有者は単にテナントの選定だけでなく、契約内容や税務判断に至るまで、トータルな判断能力が求められてきます。そのため、企画者としての不動産コンサルタントなどのプロの存在価値は計り知れません。

　ところで、最近では自己活用型と不動産賃貸型以外に新しいタイ

プが生まれてきています。企画賃貸型ともいうべきタイプです。単に不動産賃貸業を営むのではなく、既存の一般賃貸事業をベースに様々な付加的要素を企画した賃貸ビジネスと言えます。

　三毛作ビジネス（同じ場所を、時間帯を３分割して賃貸する）を企画した賃貸事業であったり、ショールームという業態からの賃貸であったり、あるいは秘書サービス付き賃貸ビルという付加価値タイプなどが該当します。単なる土地や建物のオーナーではなく、企画性の強い経営主体の賃貸事業と呼べるでしょう。

典型的な需要創造型ビジネス

　この企画賃貸事業や複合賃貸事業は、典型的な需要創造型ビジネスと言えます。建物や施設を作っただけでは来客が期待できないところでも、有効活用を考える場合には何らかの工夫を凝らさなければなりません。過去に存在した知識の組み合わせではなく、新しい時代に対応できる知恵が求められているということでもあるのです。

　要するに、土地に需要を取り込むための知恵が企画のベースになってくるというわけです。前述した複合化なら、地域や年齢あるいはライフスタイルや趣味に応じたターゲットを絞り込んで、相乗効果を期待するということです。

　たとえば、異業種での組み合わせなら、同一年齢の顧客に絞り込むことで需要を喚起するのです。いくつかの施設を寄せ集めただけのものなら、土地利用の細分化に過ぎません。同業種なら、商圏の拡大などにより集客や客単価の向上が図れてこそ、本来の意味の複合化になるということです。

　一般の賃貸事業は月単位で空間を貸すビジネスです。したがって、空間自体は使われないまま遊んでいる時間が多いことになります。ここに着眼して利用時間の単位を細分化し、空間の稼働率を向

上させたのが「時間貸し」という発想です。

　この代表例は駐車場ビジネスで、月極契約以外は時間で料金が設定されています。三毛作も同様で、基本は賃貸業であっても、空間利用の対価としての収入を得るのではなく、ハードやソフトの付加価値を前面に押し出し、「利用料ビジネス」にしてしまっているのです。

　ショールームやインキュベーションビル（ベンチャー企業を支援する設備のあるビル）などは、まさに時間と空間の切り口から提案した利用料ビジネスの典型といえるでしょう。不動産コンサルティングの中でも、不動産有効活用企画の提案は不動産情報を多く持っているだけでなく、あらゆる分野に対してアンテナを張り巡らせて知恵と感性を活かさなくてはならないということが理解できるのではないでしょうか。

現状維持は保有コストの上昇に注意

　狭義の有効活用が土地の有効活用の主軸になりますが、「現状維持」や「売却」も有効活用の選択肢であることに間違いありません。「現状維持」は、全く何もせず現状のまま凍結するという手法と、とりあえず仮設ビジネスで当面をクリアしておこうという２つのタイプに分かれます。さらに現状維持にも、その現状ですでに収益を得るビジネスを展開されているのか、あるいは、空き地のように全くの無収入なのかに分類されます。

　したがって、現状維持といっても、仮設ビジネスが成立する立地条件が備わっているか、オーナーにそのセンスや意欲があるか、資金負担は可能かといった狭義の有効活用に類似する分析方法が必要になってくるわけです。

都心における無人タイムパーキングなどは最近の仮設ビジネスとしてのヒット商品といえるでしょう。ただ、この仮設ビジネスで気を付けておきたいのは、事業計画のシミュレーションです。あくまでも仮設が前提だけに、比較的短期間で投下資本を回収しなくてはなりません。

　金融機関などから資金調達する場合なら、長くて５年以内で完済できるかどうかをチェックすることが望まれます。つまり、総資本利益率（ROA）の検証が必要になってくるわけです。

　現状事業を継続するケースは、これからの保有コストの上昇などを考慮しておかなくてはなりません。収益力は悪いが、当面の取り壊しコストの負担や新規事業の展望が不透明なケースでは、こうした選択肢が最善の策になってきます。

　空き地のまま凍結といったケースも同様です。都市計画などによる道路の拡幅計画などが調査段階でピックアップされてくると、とりあえず現状維持という選択になる場合が多くみられます。

　もう１つはRe-ビジネスの展開（つまりは建物の再活用）です。利用方法を変えたり、テナントミックスを大幅にシフトしたり、外装や内装を変更したりして、新たなビジネスの仕組みに作り変えていくというリフォーム・コンバージョンなどのことです。これからの人口減少、環境劣悪などが生み出すリスク社会においては、不動産活用の主力になりだしてくるといえるでしょう。

「売却」は資金化など３パータンに分類

　「売却」という選択肢は、さらに「売却して資金化」「買換えをして事業化」「交換して事業化」の３パターンに分類されます。これらもオーナー要因から導き出される企画ですが、資金化のケースは、さらに既存債務の返済に充てるタイプと資金化して有効活用を

図るタイプに分かれます。

　現在のような不況期においては債務返済の原資に充当するケースが多く見られます。ただ、事前に資金化して将来の危機に対応できるようなリスクヘッジコストの準備といったケースも増えてきています。

　簡単に言えば、余剰資金の確保を行うということです。資金の先行投資というのは借入債務というレバレッジ効果を極力使わない範囲で事業を進める方式です。

　税法の買換え制度や交換制度を活用するのも売却の一種です。つまり、所有していた土地を処分してしまうという点では、売却と同じであると考えられるからです。

　買換えや交換とも、基本的には既存の事業を継続するという方向にあるといえます。旅館業を営んでいた土地を売却してテニス練習場へシフトしたり、都心の工場を売却して郊外で飲食とコンビニエンスストアの複合ショップを展開したりするという大胆なケースもまれに存在します。ただ大半は、既存事業の引き継ぎのための買換えや交換の活用といえます。

　なぜならば、事業活動は時代の流れという社会環境と、立地という自然環境の２つの経営資源にフィットしていなければならないからです。既存の立地で事業が成立しにくいということは、少なくとも社会環境か自然環境のどちらかがミスマッチを起こしているはずです。

　立地にマイナスが発生しているのなら、事業を継続するためには売却して立地をシフトするという選択になるのは当然でしょう。リスク時代における不動産の活用手法は明確な目的（何のために）や方針、時代の潮流の把握、専門性、再活用、ローコストなどの考え方や仕組みが中心になってくるのです。

土地を所有しないケースの土地活用

　4つめは定期借地権事業です。定期借地権事業とは、デベロッパーや企画会社・不動産会社が土地を定期借地権で借り上げて自ら定期借地権者としてその土地を活用していくという事業システムです。したがって、土地のオーナーには一時的な権利金と地代がリターンとなり、将来必ず土地が返還されるという確認が取り交わされます。この場合には、土地の有効活用は定期借地権者が行うことになります。

3 不動産活用と不動産相続

　25年前（1993年）、筆者が書いた文章があります。少し長文ですがそのまま引用しておきます。

利用価値に裏付けられた所有価値

　「土地には経営資源と環境資源という2つの要素があります。土地を有効に活用するということは、この2つの要素をどのくらい的確に把握しているかという点に尽きるといっても過言ではありません

　経営資源の側面からみると、さらに2つに分類されます。所有価値と利用価値という側面です。所有価値とは、持っているだけで価値が増加するということであり、利用価値とは、使用することによって付加価値がついてくるということです。

　所有しているだけで価値が増えるということは、需給に著しいアンバランスが生じており、要するに供給側には新たな生産が見込めず、一方、これを欲する数多くの需要があるというケースです。骨董品などがわかりやすい例でしょう。

　土地は、バブル期にはまさにこの状況を生み出していました。生産はでき

ず需要が旺盛だったからです。旺盛だった需要は本来利用価値として必要なために生じてきたはずなのです。ところが、いつの間にか所有価値を得るための所有需要になってしまい、見事にバブル現象を生み出してしまいました。

　需要は、実態（実需）がなければ、それに気付いた時点で一気に消滅します。つまり、土地という資源の所有価値は、利用価値あってこそのものであるという原則論に気付かされたのがバブル崩壊以降だったのです。

　元来、日本の土地神話は、国土が狭いからではなく、土地を有効に活かしていないから発生しているのだといわれてきました。オランダの人口密度は日本より高いのに地価高騰現象はなく、公園や緑地は日本より数倍多いといわれています。シンガポールでは土地の大部分を政府が所有し、公共目的に土地を収用されるときの対価は実質的に石油危機以前の水準に凍結されています。これらは土地の高密活用（高層化ということではありません）や有効活用の本質が十分に浸透しているからです。

　21世紀においては、少産少子・高齢社会という日本の歴史始まって以来の大幅な人口減少・老人大国となる"人口構造"、オゾン層破壊・大気汚染・温暖化という有史以来最大の危機を迎えた"地球環境"、ITに代表される"高度情報化社会"という3つのキーワードを切り口にして土地問題や土地活用を考えていかなくてはなりません。

　土地は所有しているだけでは債務になり始めているのです。活かしてこそ土地が良質の経営資産となり、付加価値を生み出してくるのです。」

　1993年当時も、土地の有効活用という言葉は踊っていました。ただ、それは土地信託方式や等価交換方式、あるいは事業受託方式やその後誕生した定期借地権方式など、その分野を得意とする不動産会社の商品名だったのです。有効活用ではなく、事業手法の選択に過ぎなかったということです。

本来、有効活用で最も重視すべきなのは、所有者が何のためにこの不動産を活用したいのかが第一義となります。「何をするか」の前に「何のためにするか」が重要なのは、企業理念が必要なビジネスにとっては当たり前のことなのです。

　同時に考えたのは「不動産相続」でした。1992年の『国民生活白書』で「少子化」という言葉が初めて使われました。このままいくと2000年代は人口減少・高齢化の社会になることが理解できたからです。

　不動産は社会の中で存在し続けていきます。ところが、不動産を所有している個人（会社の場合は代表者）には必ず相続が発生します。そうすると、このギャップには早めに対応していかなければなりません。なぜならば、不動産活用を行っているのは所有者の考え方がベースとなっているからです。その所有者が代わるということは、活用の考え方も変わる可能性が生じるはずです。

　不動産は、所有者の考え方で活用方法が変わります。その所有者が高齢化することで相続が発生するなら、事前に早めに対応していかなくてはなりません。つまり、**フローを検証する不動産活用とストックが中心になる不動産相続は表裏一体の関係にある**ということなのです。

　公認 不動産コンサルティングマスターの専門教育講座のテーマを考えるにあたって最初に考えたのが、「不動産所有者」の視点から不動産を考えるということでした。そのため、「活用」と「相続」が二本柱になると想定したのです。

　不動産は活用も相続も同じ視点から考える必要があるのは、いずれも決断を下す不動産オーナーには寿命があるためです。未来から思考するのが不動産における相続と活用の基本と言っても過言ではないでしょう。

第1編

不動産調査における四大要因の分析と企画の立て方

第1編　概要

　第1編は、都心部にある幹線道路に面した小規模な土地を活用するために、どのような調査をすることが企画提案につなげられるかについて時系列にまとめたものです。不動産（土地）を活用するということはどういうことなのかを具体的に解説していますので、まさに「不動産活用企画のための教科書」といえます。

　この教科書は、単に知識を提供しているわけではありません。現実に、不動産コンサルティングとして不動産活用を依頼されたり、自分の所有する土地を活かすためにはどうすれば最も活かせるのかを物語形式でまとめている実践ケーススタディでもあります。

　2015年から2017年にかけて不動産オーナーから実際に依頼を受けて行った業務スケジュールをできるだけわかりやすくストーリー展開にしてみました。オーナー要因から立地要因にたどり着くまでの企画提案に至る調査の仕方から、企画提案書の作成、その実践までを項目別にまとめています。

　さらに、実践編として金融機関との交渉の仕方を始め、借入金限度額の算出法、建設会社や管理会社の選定方法、収益不動産をどのようにして検証するかのベースとなるROAの生み出し方なども実例をベースに具体化しています。

　不動産オーナーから見る「本来の不動産活用の考え方」がストーリー展開で理解できるのではないでしょうか。

　また、このプロジェクトのテーマはあくまでも不動産活用を行うためのコンサルティング分野に制限しているため、建築設計や法律・税務という専門家の分野はほとんど記載していません。企画から始まりこうした専門家などが全体をコーディネートして1つのプロジェクトを完成させるための「Aビル完成までの物語」としてもお楽しみください。

第1章

オーナー要因の調査・分析のピックアップとポイント整理の仕方

1 オーナー要因の分析の仕方

1 企画の要は正しいオーナー要因

　不動産を活かすということは立地や面積、あるいは周辺環境などという不動産そのものに関する様々な要素の調査が必要であることは間違いありません。ただ、それ以上に重要なポイントが2つあります。

　1つは、不動産を所有しているオーナーの考え方や背景をしっかり理解しておかなければならないということです。なぜなら、当然のことですが、どう活用するかの**意思決定を行うのは「不動産」ではなく「不動産オーナー」**だからです。

　もう1つは、現状における（個人の意識の塊である）社会の姿の正しい確認とこれからの時代の方向性をどのように読み解いていくかということです。

　戦略的に不動産を活用するということは、本来、**図表2**のように左側（オーナー要因）からスタートしなければなりません。ところが、ほとんどの不動産活用に関わるプロフェッショナルは、右側（立地要因）からスタートしていた時代が続いていました。

　1980年代から筆者は、個人や企業が所有する不動産という経営

図表02 不動産活用の視点

1章 オーナー要因	2章 社会要因	3章 環境要因	4、5章 立地要因

← この部分の調査はほぼ皆無

20世紀型有効活用の視点
不動産の持つ固有の特性のみを調査し、その結果、自社商品の売り込みを目的とした提案を行う。

CRE戦略の視点
不動産オーナーの想いや考え方から将来のビジョン（企業ならば、その企業の経営理念や今後の戦略の有り方）を徹底的にヒアリングすることから始め、時代の流れや社会の確認、さらには立地周辺や不動産の特性を調査し、長期戦略をベースに不動産所有者にとって最適の提案を行う。

資源は、所有者である個人の生活設計や企業の継続、発展のために上手に活かすことが、結果として、社会の役に立つという姿勢を貫いてきました。不動産に新しい付加価値を生み出すための利他的循環型ビジネスとして捉えていたということです。

2006年12月に国土交通省が設置した「合理的なCRE戦略の推進に関する研究会」があります。通称「CRE研究会」です。この研究会の『CRE戦略と企業経営』という冊子では、「CRE戦略」を次のようにまとめています。

「企業価値増大の実現を図るという目的のために、企業の事業継続に必要な不動産を、経営戦略の視点から総合的、かつ、戦略的に再

構築することによって不動産の潜在価値を引き出すこと」

　CRE戦略の要点を簡単にまとめると、次の５点がピックアップされるでしょう。

> ① 眠ってしまっている不動産を企業の今後の事業戦略の中で必要かどうかという視点から見直すこと。
> ② 必要であると認識できたら、他の様々な経営資源を鑑みながらどう活かせるかを考えること。
> ③ 積極的に活かさなければ企業価値を棄損するという意識を強く持つこと。
> ④ 必要でないと認識できた不動産は早々に売却して債務を返済すること。
> ⑤ 不動産をシフト（買換えや交換）することで企業価値を高めること。

　CRE戦略とは、不動産を所有者の視点、社会や時代からの視点という２つのモノの見方を重視しながら新しい価値を生み出すことです。活かしきれていない不動産をどう活かすかは、不動産の個性からではなく「不動産所有者の個性」や「社会、時代の背景」を理解していくべきだというわけです。
　ただ現実的には、**不動産は「所有者の意識」と「土地の立地」という２つの個性をどのように組み合わせるかがポイント**になります。「所有者」も「土地」もいずれも２つとない個性であり、その活かし方を現実の社会と時代の流れに問うことが重要なのです。そのためにも、オーナー要因は不動産活用を考える場合の第一義にならざるを得ません。

オーナー要因とは土地所有者自身の問題のことです。

たとえば、個人の土地所有者なら将来の生活設計や生き方への支援、あるいは、相続対策などに不動産をどう活かしていくべきかということです。

個人所有地の場合は、ファミリー全体やファミリーカンパニーなど、同族関係者全体が対象となってきます。近隣地が同族関係者なら近隣用地も企画の対象として考えておかなければなりません。

一方、企業が所有している不動産の場合、自社の経営資源（ヒト、モノ、カネ、ノウハウなど）の活性化につなげることで、シナジー効果を得られるのかどうかがポイントになってきます。

要するに、いずれにしても**不動産活用の動機、目的、ビジョンをまず明確にしておくことが最大の鍵**になるというわけです。

そうすると、オーナー要因の分析には所有者らとの直接交渉による徹底したヒアリング（聴く力）が要求されてきます。提案者は聞き役に徹しながらも、狭い範囲で形成されている概念や発想に対してはさりげなく否定し、その代案を論理的に、倫理的に提言していく人間力が要求されます。

不動産オーナーと一体となって幅広い視点から的確な質問を繰り返すことで、初めて自身の意識の中にあるウォンツ（wants）をニーズ（needs）に変換して言葉として返ってくるわけです。こうしたオーナー要因の分析こそが企画提案の前提条件になってきます。

2 実践ドキュメント ── オーナー要因の分析

今回の実践ドキュメントの対象となる土地を所有しているのは創業40年を超えるA社です。個人や小規模企業を顧客とした保険商品を取り扱っています。

創業から地道に堅実に成長してこられました。賃借してきたオフィススペースを少しずつ広げながら拡大志向に走ることなく継続されてきたのです。

社員数も20人を超え、移転を考えておられた創業20年目に、近隣に4階建ての中古ビルが売りに出されているという情報を入手されました。タイミング良くというより、情報を発信してアンテナを張っていたからこその出会いです。

売主は大手企業でした。バブル崩壊による支店縮小の判断で、支店の土地・建物を売却することにされたのでしょう。大手企業から見ると、おそらく支店ビル（不動産）の売却による債務返済こそが自社にとって最も企業価値増大の実現を図るための戦略だったと思われます。売却も土地活用の一手法だからです。

A社は購入にあたっての投資計画シミュレーションを実行し、現状の賃借スペースの拡大化との比較検証を行いました。その結果、リノベーションするコストを加えても中古ビルに投資すべきであるという結果になったようです。

築20年を経た4階建ての中古ビルでエレベーターの設置も空調設備もありません。IT関連のフロアを設置するなどで購入コストの1.5倍近いリノベーションコストの負担が発生しましたが、金融機関から長期資金を調達することで対応できました。

その上に各フロアを事業部制として、1階には来店客用のコンサルティングフロアを設置されました。その後も事業は順調に成長してきたようです。

移転したとはいっても移転前とは歩いて数分の立地で、近隣周辺には法人や個人のA社のお客様が多数存在されています。したがって、A社の商圏が大きく変化するわけではありません。

その後創業者である社長が体調を崩されたこともあり、早めに二

代目にバトンタッチをされました。近隣エリアのお客様のほとんどが、創業者社長が営業訪問で開拓されてきた方々です。バトンタッチはしたものの、今後は会長としてお客様との密接な関係は継続されています。

移転後20年を経て、さらに社員数も増加して50人を超える規模にまで膨らんできました。現状では、各フロアごとに部署がまとまっていますが、逆に他部署との交流がなくなり、情報交換が毎日の朝礼以外にほとんどなくなっていました。

社員からもフロアを上下に移動することは効率が悪く、情報も遮断しがちになるので、ワンフロアのオフィスに移転した方が生産性がアップするのではないかという提案も出てきたのです。

そこで、新社長も近隣で賃貸ビルの情報を得る動きを始められました。お客様を重視するとともに通勤する社員のことも考えて、同じエリアでワンフロアのスペースを探すことになったのです。

同時に、現在のビルの活用を会長に委託されました。新しいオフィスに移転するためにはやはり多額の家賃など、管理コストが発生します。前回の借入金は減少しているものの、まだ残っています。そのため、現状の土地をどのように活かすかについて、会長に最後の仕事としての役割を与えられたのです。

A社の業績は比較的安定していますが、今後は人口減少や超高齢社会の影響を避けることはできません。安定しているものの成長を続けているという状況でもありません。社員の平均年齢もこの数年でかなり高まってきました。

このように**企業（不動産オーナー）の歴史から現状に至った経緯、現状分析やビジネスモデルの推移、さらには、今後への展開法や未来ビジョンなどについて聞きだしていくことがオーナー要因の分析のポイント**なのです。

2 オーナー要因の3つの要素

　不動産活用を考えるためにはオーナー要因を徹底的に理解する必要があることを説明しました。この実践ドキュメントのオーナーはＡ社であり、Ａ社の概要と事業の推移は前述のとおりです。前述した部分こそがＡ社から引き出さなければならないオーナー要因のポイントということになります。
　図表３のように、オーナー要因は３つの要素から構成されています。

図表03 オーナー要因

① 不動産活用に対する所有者の意識レベルの確認
② 基本的な動機・目的
③ 所有者（関係者も含む）の財務内容と財産状況

ポイント１　意識レベルの確認の仕方

　それぞれのオーナー要因を検証していきましょう。
　①の意識レベルとは、専門家が客観的なスタンスに立って状況を

整理、検証し、不動産所有者の意識との間にズレが生じている場合にはその修正を行うことも含まれています。

ここでいう不動産所有者の意識とは、個人所有者なら今までの生活環境や人間関係、あるいは、教育水準などによって作られてきた個人的な価値観などを理解することから始めなくてはなりません。また、法人所有者なら企業理念や社風などから見えてくる企業風土や、事業経営の推移や現状などから見えてくる今後の考え方などを見つけていくことといえます。

特に、個人所有地やプライベートカンパニー的な企業所有地の場合は、所有者に同化することが必要になります。意識レベルとしてのウォンツを引っ張り出すためには、同化からスタートしなければならないからです。

ただ、同化するということは相手の言いなりになるということではありません。同時に、所有者の本当の気持ちを理解するまでは意識の掘り起こしができないということを知っておかなければなりません。「本当に信頼に足り得るのか」のレベルまで所有者との関係性を深めなければならないということです。

ウォンツの３つの種類をまとめておきましょう。いずれもニーズの手前でとどまっている状態といえます。このウォンツに気付きを提供することが信頼の第一歩になるのです。

ウォンツの３つの状態

① 意識として考えられているが、表現されていない状態

② 無意識の状態にあるため、表現されていない状態

③ 意識され、表現もされているが本質ではない

ポイント2 動機・目的を明確にする

　2つめの動機・目的は、質問プロセスの過程で見えてきます。特に個人所有者の場合には、本当の（本質的な）問題解決とは何なのかについて見つけ出すまでに様々な質問を投げかけていかなくてはなりません。

　たとえば、相続税対策で土地を活用するつもりの土地所有者のケースを考えてみましょう。本当の問題は、相続税対策ではないかもしれないからです。もしかしたら、この土地を将来子どもに譲りたいということが最大の目的の場合は、相続税軽減対策は次善の策かもしれません。単に相続税の負担がネックのため、単純に相続税の節税をしたいという思いがニーズとしての言葉になっているケースが多いのです。そうすると、土地の上に建物を建てて評価減を図るという短期戦略では、本来の目的からは逸脱してしまうことになってしまいます。

　また、相続税の納税資金が不足しているから相続税負担を減少させたいということなら、相続税の減少対策と同時に納税資金の生み出し方も考慮した不動産活用を考えなくてはならなくなります。納税資金が生み出せるなら無理して相続税を減少させる必要性がないかもしれないからです。

　バブル期に、同族企業から土地活用の相談がありました。立地・環境要因などやビル収益力からソシアルビルが最も適している活用計画でした。

　ところが、経営者とのインタビューの中で「我社のベースとなっている事業価値を毀損するような企画提案は当初から外してほしい」と言われたのです。そのため、最も収益が上がり、立地的にも最適である提案をカットせざるを得なかったという経験がありま

す。まさに土地の活用方法を決定するのは、立地要因ではなくオーナー要因であることがわかるケースといえるでしょう。

つまり、不動産活用をすることが必要な本当の動機や、何のために不動産活用をするのかという本当の目的を知ることが重要だということです。不動産所有者の未来にとって新たな価値を生み出すとともに、マイナス要因をできるだけカットすることを考慮しながら不動産をどう活かすかが企画提案の第一歩になるのです。

コンサルティングを行う場合に最も重要なことは、結果としては、問題を課題に分解して解決することですが、その前に**問題を発見する能力**が問われます。顧客の発するニーズとしての言葉が本当の問題なのかを確認する必要があるからです。

これは意識レベルを確認する時に、本当の問題（未来に向けて解決すべき事柄）は何かということを注意深く観察して見つけ出していく作業を繰り返さなくてはなりません。

よく「情報の非対称性」といわれます。不動産所有者と不動産活用を依頼されるコンサルタントとの間にもある両者に生じている情報不足のことです。

コンサルタントにとってはオーナー要因の①や②をしっかり把握することで、不動産所有者との格差を埋めることが可能になります。一方、不動産所有者にとってもコンサルタントのタイプや力量、あるいは、経験や知恵などをコンサルタントの質問力から見つけることができるのです。

お互いの「情報の質も量」も異なっています。そのため、**不動産所有者にとっては質問に応じる過程で本当の問題にたどり着いた時に両者の信頼関係が誕生する**ことになるのです。

そのため、**コンサルタントにとっては本当の問題はどこにあるの**

かを見つけ出すための**質問力が重要**です。まさにニーズ（言葉で表現している思い）ではなくて、ウォンツ（気付いていない思い）に響くための質問を繰り返していかなくてはなりません。極端なことを言うと、本当の問題に気付かれると不動産所有者は自分自身で問題を解決されることもあるのです。

これは不動産所有者でも、経営者でも同様です。自分や自社のことについて最も理解しているのは自分や自社だからです。

ポイント3 財務状況の確認

3つめの財務内容や財産状況とは、オーナー自身が所有されている財産状況の大づかみとキャッシュフローの現実をしっかり確認するということです。プライベートカンパニーの場合は、経営者自身の個人財産についても検証が必要になります。要するに、不動産活用は新規事業になるため、新たな事業計画を立てるためにも最低限必要な資料といえるでしょう。

CRE戦略に対して、個人やファミリーカンパニーの所有する不動産の活用をFRE（Family Real Estate：ファミリー所有不動産）戦略と称します。つまり、有効活用を頼まれた不動産だけではなく、所有不動産の全体像を把握しておかないと企業、あるいは、ファミリーにとっての有効活用にならないということを理解してもらわなければなりません。

企業の場合なら決算書などが整備されており、個人でも確定申告書がありますので、ある程度の全体像は見えてきます。ただ、個人やファミリーカンパニーに関しては、決算書だけでは全体像が見えにくいケースが多いため、**図表4**（後掲）のような不動産経営管理シートなどが必要になるのです。

よく「不動産オーナーから決算書や借入明細書などを見せてもらえないケースが多い」と話されるコンサルタントの方がおられます。この言葉は「まだオーナーから信頼されていません」と言っているのに等しいということが理解されていません。おそらく、**図表３のオーナー要因の①と②の手順を踏んでおられないからでしょ**う。こうした手順の結果が③につながってくるのです。

また、それでも見せていただけないならば、不動産所有者の顧問税理士や公認会計士、あるいは弁護士らから情報を得るということも考えなくてはなりません。不動産活用コンサルティングという業務は、様々な周辺のプロフェッショナルと提携しながら進める必要があるからです。そのためにも法律や財産に強い専門家とのコラボレーションは重要です。逆に言うと、こうした仕組みを構築しておかないと不動産活用コンサルティングという業務を依頼されることさえ難しいと言っても過言ではないでしょう。

要するに、**オーナー要因の分析とは、不動産所有者との直接交渉（企業の場合はその交渉当事者となる責任者）による徹底したヒアリングが要求されるということ**です。

提案者は聴き役に徹しながらも、狭い個人的概念で形成されている発想や提案に対してはさりげなく否定し、あるいは、なるほどと納得し、その代案を提言したり、発想を強化していかなくてはなりません。

不動産所有者と一体となり、オーナーの立場に立って幅広い視野や豊富な経験を活かし、あるいは、様々な提携者などとともに的確な質問を繰り返していくのです。この繰り返しが不動産所有者の意識の下に隠れていたウォンツをニーズという見えるものに転換して、言葉として返答されてくることになります。これがオーナー要因の分析につながってくるのです。

図表04 塩見式 不動産経営管理シート(ひな型)

物件明細		用途	面積(㎡)	取得日	取得原因	資産価額			債務			純資産
						帳簿価額	相続税評価額	固定資産税評価額	時価	借入金	敷金等	合計
A(用途)	土地											
	建物											
	合計											
B(用途)	土地											
	建物											
	合計											
C(用途)	土地											
	建物											
	合計											
D(用途)	土地											
	建物											
	合計											
合計	土地											
	建物											
	合計											

(単位:万円)

第1章 オーナー要因の調査・分析のピックアップとポイント整理の仕方

年間収入			費用					純利益	GR(%)	NR(%)	摘要
満室収入	実際収入	構成比(%)	管理費	修繕費	固定資産税	保険料	その他	合計	負担率(%)		

ダンコンサルティング(株)作成

第2章
社会要因の調査方法と分析法

1 社会要因の分析の仕方

　不動産活用を提案する際に、オーナー要因に次いで重要なポイントになる社会要因について考えてみましょう。
　社会要因のベースは、「**これからの社会にとって必要となるものは何か、どういう切り口が要求される社会になるか**」ということです。
　ここでいう社会とは、目の前にある現実の社会を意識しながら未来を考えていくというスタンスが求められてきます。要するに、**過去（歴史）の蓄積である現在の社会をどのように理解しておくのか、その結果として現実の社会が今後どういう方向に向かっていくのか**を読み取っていくというわけです。
　不動産を活用して新しい事業を構築するということは、まさに「投資」なのです。それも通常は多額の資金を投入し、その建物は仮設でない限りかなりの長期間にわたって影響を与えます。
　ここでいう影響とは、建築物が地域社会に与える影響、建築物が社会に貢献することによって収益を得る相手への影響、地域社会が建築物に与える影響などのことをいいます。そのためには、社会や経済の潮流を常に定点観測しておかなければなりません。これは既存建物をリフォーム・コンバージョンする場合も同様です。

時代の流れや社会の動向をきちんと捉えながら、単なるブームではなく、法律、税制、都市計画などをベースに、様々な角度から分析、検討し、企画にまとめ上げるための一要因が社会要因ということです。

　ただ、仮設ビジネスとして提案する場合には大口の投資を行うことは少ないため、ブームを活用することは極めて重要になってきます。なぜなら、投資が少ないだけでなく活用期間も短期で計画するため、近未来の見通しが立てやすいからです。同時に、仮設ビジネスの投資計画には近い将来の撤去費用も含めてROI（Return On Investment：投資利益率）を考えておく必要があります。

　そこで、社会要因を調べるためのメインとなる8つの項目を図表5にまとめておきました。①～⑧についてそれぞれのポイントを説明しておきましょう。

図表05　8つの社会要因

① 社会・経済情勢
② 経営・金融環境情報（業界・業態の推移を含む）
③ 法規制（開発規制や建築規制を含む）
④ 税制
⑤ トレンド分析
⑥ 都市計画の検証
⑦ 近隣対策
⑧ 生活者動向

ポイント1 社会・経済情勢

　その時代ごとの社会情勢によって必要に迫られているものや不要なものが現れてきます。ここ20年ほどの流れでも、駐車場・駐輪場需要の増加や新借地借家法の制定などによって新しい活用ビジネスが生まれてきました。特に定期借地権システムは、不動産所有者以外が不動産活用を行うことを可能としたのです。

　企画対象不動産の地域や面積、あるいは建設手法などから考えられる社会の動きや経済の流れを端的に箇条書きに列挙しておくことが望まれます。

　これらは新聞・TV・ラジオ・情報誌、インターネットなど、様々な手段で情報を入手してポイントをまとめておくことになります。ただ、情報の正確性が最も重要になりますので、発信元はしっかり検証しておくべきです。

　筆者は、主に日本経済新聞系の情報紙3紙をベースにして、一般紙や情報誌を加味して社会の動きの整理を行っています。大きな時代の潮流はこれらを分解していくとある程度の方向性は見えてくるからです。

　たとえば、（公財）不動産流通推進センターの発刊している『不動産フォーラム21』で約20年前の2000年10月より1年間連載させていただいた「不動産ビジネスにおける時代の読み方」は、金融機関向けの雑誌である『KINZAI Financial PLAN』で1998年1月から連載していた「時代の読み方」をさらにバージョンアップさせたものでした。これらの分類法は全てこうした**新聞・雑誌**などから**「時代の潮流」**を見つけ出して**「帰納法」**的な思考法で整理していたものです（**図表6**）。

　不動産活用は基本的にはブームをベースにすることはできません。

そのためにも目の前の社会の底辺の流れ（潮流）を見つけ出し、時代の方向性をある程度予測しておかなくてはならないのです。

図表06 10のキーワードに見る時代の読み方（1998年）

切り口	キーワード	社会や経営の在り方	キーワード
個の時代	楽しい	①「楽」から「楽しい」へ	自律意識
	生活者	②「男性的発想」から「女性的感性」へ	生活者経験
	利用	③「量」から「率」へ	仕組みの見直し
	安心感	④「隠す」から「見せる」へ	安心感
	消費価値	⑤「大衆・法人」から「個衆・個人」へ	顧客の顔
	素	⑥「増・拡・大・長・多・重・総」から「軽・減・専・短・狭・小・捨・少」へ	付加価値
	循環	⑦「New」から「Re-」へ	循環経営
	時間	⑧「平面的・空間的」から「立体的・時間的」へ	時間業態
	宅配	⑨「買い手→売り手」から「作り手→生活者」へ	産直プロセス
	Co—	⑩「傍観型」から「参加型」へ	参加・共同

ダンコンサルティング（株）作成

ポイント2 経営・金融環境情報

不動産活用を行うということは投資をするということであり、そのためには資金を調達しなければなりません。活用企画は**図表7**のようにバランスシートの左側（運用項目）に記載されるものですが、右側（調達項目）はより一層重要になってきます。

自己資金や増資などによる調達と金融機関からの借入金などによ

る調達は、投資に対する収益力をみるROIにはさほど影響は与えません。ただ、金融機関などからの借入金による調達は事業開始後のキャッシュフローだけでなく、計画実行までにおいても相当の時間や交渉力が要求されることになります。そのためにも、オーナー（個人・企業）の経営状況などの数値をベースにしながら、金融環境の変化などは常に押さえておかなければならない必須項目でもあります。

図表07　バランスシートの見方

運用（数値）項目	調達項目
①Asset（資産）	②Dept（負債） ③Equity（資本）

注）資金の調達方法には上記①～③のように3つあります。
　①不必要な資産や債権の処分・回収による資金調達
　②金融機関からの借入金などによる資金調達
　③新株発行（増資）などによる資金調達
　ただ、②は返済や金利負担が生じます。

ポイント3　法規制

　一般的なリサーチ部分は開発規制と建築規制のチェックです。開発規制には開発指導と呼ばれる宅地開発指導要綱があります。

　特に1,000㎡以上になると緑地、上下水道、駐車場施設などに関して設備面の制約だけでなく、資金負担というコスト面にも影響します。

　都道府県によって指導の内容に若干の相違点はありますが、一般的には大規模な開発に対しての規制が多くなります。そのため、企画段階で規模が把握できていれば時間や資金の無駄が減少するはずです。

特に、工事着工などの遅れで入居者のオープン時期が延びると大きな損害になりかねないため、重要なポイントでもあります。京都などでは独自のルールがあるため、企画倒れになるケースもあるほどです。

　また、建築規制では、地域や用途によって様々な規制や制約を受けるケースも生じます。中高層ビルの建築指導、住宅や駐車場の位置指導、ワンルーム規制など、都心では高度化すればするほど規制の事前検証が必要になります。最近では、立地や構造の他に、周辺環境とのバランスも考えて使用用途の規制も増加しているようです。

ポイント4　税制

　不動産税制と呼ばれるほど不動産や建築に関する税制は多く、かつ複雑です。そのうえ、税制は経済・経営、さらには社会情勢を加味して毎年推移していきます。相続・贈与・譲渡・買換え・交換などの税制の活用は不動産活用企画の一因にもなるため、これらのポイントは常に把握しておかなくてはなりません。

　ただ、税制で変わるのは大半が通達や措置法です。国会審議が必要な本法（つまり、法律）が変わるのは時代が大きく変化した時です。「買換え」規定が毎年変わるのに対して、「交換」規定が全く変化しないのはその違いだからです。

　また、時代の流れから相続税の強化と贈与税の緩和という矛盾した政策（贈与税は相続税の補完税）が採られています。これは金融資産や不動産を所有している個人の多くが高齢者のため、政策目的に合う財産の贈与によって経済の活性化を図っていると考えるとわかりやすいでしょう。

ポイント5 トレンド分析

　社会情勢よりも裏付けのない、いわゆる流行の検証です。動いている流行によって社会を構成している人々の嗜好はどういう方面に向かっているのかなど、その時々の社会の風の向きを感知するアンテナが必要になってきます。

　ただ、トレンドそのものを知ることは重要ですが、長期・安定的な企画に向くわけではありません。まさに、短期的・仮説的・一時的なビジネスを提案する場合に、利用価値があるかどうかということです。本来は現状維持のままがよいケースも、つなぎ活用などを考える場合には特に重要視されるはずです。

　一時期のカラオケボックス、トランクルーム、コンテナボックス、都心型タイムパーキング、最近では軒先ビジネス（移動販売への時間貸し、屋上プライベートビアホール、自動販売機、一坪ショップなど）などがわかりやすいケースです。**図表8**に仮説ビジネス（旬ビジネス）の特徴をまとめておきましたので参考にしてください。

図表08 仮設ビジネスの特徴

ポイント	内容
① ローコスト（投資力）	仮設材の活用、用途変更、取り崩し移動が簡単、登記設定なし　など
② ローリスク（収益力）	低い損益分岐点、顧客志向の価格設定
③ シナジー（認知力）	企業・商品のイメージアップ、本業そのものへのアンテナ効果

ポイント6　都市計画の検証

　現時点だけで評価するのではなく、都市計画に係る開発構想や計画道路など、予め把握できることは検討しておく必要があります。都市計画は長期計画の中で考えられているのが一般的だからです。

　開発構想とは、計画地周辺で国や都道府県、あるいは市区町村に、長期的・短期的な開発構想があるかどうかということです。自治体が行う開発計画は大規模なものが多いため、実行された場合には周辺環境は様変わりします。

　また、計画地が拡幅計画道路に面しているのであれば、事前にチェックしておかないと活用計画自体が無駄になってしまう恐れがあります。

ポイント7　近隣対策

　近隣対策は極めて重要といえます。計画地に何か建設することで近隣に対する影響だけでなく、近隣から受ける影響があるからです。

　法律的な条件は全てクリアしているという前提でも、近隣との不調和はその後の活用事業の上でもマイナス効果しか及ぼさないと言っても過言ではないでしょう。今回の企画は近隣にどのようなプラス効果を与えるのか、あるいは、マイナスの影響が出るのかについて、隠さずに説明していく必要があります。

　近隣対策を社会要因としていますが、オーナー要因の一部でもあります。なぜならば、土地所有者の過去における近隣付き合いのストレスなどが新しく建設企画をする際に一気に噴出するからです。

　ゴルフ練習場などは高いポールを建てますが、ここに避雷針なら

ぬ受雷針を建てるケースが多く見受けられます。そうすると、近隣に雷が落ちることはなくなりますが、逆に、隣地なら雷音に悩まされたり、ボールの飛び出しに気を付けなくてはならなくなります。また、夜間の照明などの影響を受けるため、かなりしっかりした配慮が必要となってくるのです。

　また、近隣を調査することで計画地の活用にプラスになることも多々あります。こうした近隣対策で情報を集めていく際に、近隣から得る情報は企画立案のヒントになることも多いのです。

　一時のペットマンションやワンルームマンション規制の原因もほとんどが近隣対策の失敗から生まれていると言ってもよいでしょう。反対運動に対する労力と資金、及び感情面等を考慮すると、採算も合わなくなってしまいますので、近隣対策は重要なポイントといえます。

ポイント8　生活者動向

　生活者動向とは、時代の流れ（社会・経済情勢）がどのように動いているのかを理解しながら、計画地においてはどういう特性があるのかを調査することです。

　社会（社会とは個人の意識の塊）の潮流の影響を計画地域の生活者も直接・間接に影響を受けていることは間違いありません。

　まさに、どういう特性を持つ地域（生活者の意識）なのか、マクロ的市場の動向からその地域の人々の生活は変化していくのかなど地域の住人の特徴や環境レベルといった傾向も踏まえ、今後の見通しを考えていくということです。

　59ページの環境要因でまとめた④周辺環境や⑤雰囲気なども密接に関係する要因といえます。

2 事例における社会要因のピックアップ

今回の実践ドキュメントが対象としている土地に関して、不動産所有者の視点を重視した社会要因の検討は次のような点に絞ることができました。22点ほど簡単に箇条書きでまとめておきましょう。

① 地域の中で長年にわたりビジネス展開を行ってきた企業所有地のため、地域に還元できるような企画にしていく必要があること。

② 保険という個人や企業の安全・保障面（つまりは、健康とか生命・医療などの重要性を問い、ヒューマンタッチというキャッチコピーで成長）を売り物にしてきた会社が建築する建物であること。

③ 土地所有者である中小企業は、将来、保険に次ぐ新しい事業の柱としての第一歩として考えられていること（保険という新しい業態の変化や現状ターゲットに対する新サービス事業への対応）。

④ 超高齢社会への突入、生活年齢・健康年齢の伸長などを背景に、安心をキーとする環境づくりなどの社会構築が進められている背景が見えていること。

⑤ 現在以上に今後の日本社会は、環境に配慮した社会システムの仕掛けが当たり前に要求されだしてきたこと。

⑥ 高度なネットワーク社会やAI・ロボットによる高度情報化社会が今後はより一層進化・深化していくこと。

⑦ 少子化対策も兼ねた大学などの都心回帰現象に拍車がかかりだしていること。

⑧ 地方に限らず都心部でも空室の急上昇と耐震やバリアフリーに対する改修補助金制度が進みだしていること。

⑨ 都内では外資の誘致特区などが湾岸部を中心に広がると考えられること。

⑩ 消費税UPの仕掛けとして高額所得者や資産家への所得税や相続税の課税強化、及び経済活性化対策として贈与税の緩和と法人税の実効税率の低下傾向が続くと考えられること。

⑪ 団塊世代の大量退職と就業者人口の低下がしばらく続くこと（東京に限ると、〈65歳～74歳〉人口より〈75歳以上〉人口の方が当分多くなるなど、高齢都市となる）。

⑫ 低金利の継続による金余り現象と国債の増加に対する不安が国民全体に浸透しだしていること。

⑬ 東京都内においても、世帯数の減少が2020年頃から始まるため、住宅数と世帯数のバランスにさらなる影響を与えること。

⑭ 世帯構造は、単身及び二人世帯（母親と娘）などが増加して、その年齢も高くなっていること。

⑮ 60歳以上が世帯主の持ち家率は85％を超えたが、今後は都心部に集約される可能性が高いこと。

⑯ 東京都内では墓地が少なく、関東近郊エリアまで墓地が開発されだしていること。

⑰ 超高齢者社会とは、女性割合の多い社会になること（100歳以上の男女比は1：9、90歳以上は2：8など）。

⑱ 通勤地獄は日本の生産性の低さに影響を与えているため、職住・労住接近は今後はより一層望まれること。

⑲ 情報化社会によってサードプレイス（第三の場所）の考え方が生まれだしていること。

⑳ コンパクトシティ化は、地方に限らず都心でも要求されると考えられること。

㉑ 地球温暖化による影響で、今後は暑さ対策のニーズが「衣食住」全体に生まれること。

㉒震災や台風などが20世紀の社会とは比較してパワーアップしているため、社会的リスクマネジメント対策を意識せざるを得ないこと。

　こうした社会要因は、不動産活用における調査だけでなく、あらゆる事業におけるビジネスモデルの立案の際にも考えておかなくてはならないことです。
　もちろん、営業スタッフが顧客開拓を行う場合でも、こうした社会要因を分析して顧客接点前に準備しておく必要があります。

第3章
環境要因の調査とポイントの見つけ方

1
環境要因の調査・分析の仕方

　オーナー要因や社会要因は不動産活用を企画する場合の見えざる大テーマです。この「見えざる」部分を掘り起こしておくことが、企画を成功させるための必要十分条件になるのです。
　そこで、計画土地の環境要因や立地要因という「見える」テーマについてもまとめておく必要があります。この章では、その中の環境要因の調査の仕方と分析方法をまとめています。

　環境要因の調査・分析とは、計画立地の周辺環境や立地近辺の人口動態を含む人導線、並びに周辺施設や地域の事業特性、交通状況などがテーマとなります。地域民力や競合施設などの時代の推移を調査しておくことも環境要因のポイントの１つです
　こうした環境要因は、大別すると13のテーマに分類できます。**図表９**に全体をまとめておきました。それぞれについて、ポイントを解説していきましょう。

　環境要因を一言でまとめると、**「立地を中心とした周辺エリア全体の環境を上手に活かせるビジネスは何か」**ということになります。

図表09　13の環境要因

① 周辺人口
② 人口動態
③ 交通・アクセス
④ 周辺環境
⑤ 雰囲気
⑥ 公共施設
⑦ 商業施設
⑧ 地域事業特性
⑨ 地域民力
⑩ 競合施設の現状
⑪ 競合施設の開発予定
⑫ 土地相場
⑬ 賃料相場

ポイント1　周辺人口

　収益性のビル企画を行ううえでは、潜在需要を知る重要な判断材料となる交通量の調査と合わせて、テナント出店のためのキーポイントにもなります。

　その地域の人口（数・増加率・年齢層・男女比・職業別・年収別など）・生活レベル（平均所得・高額所得者数・消費動向など）・都市機能（事業所数・構成など）は最低限必要な調査です。さらに、昼夜別とか、平日と週末といった動態変化も検証しておくべきでしょう。

　好立地ほど平日と週末には大きな違いが見えてきます。また、晴天と雨天の日でも人の動きが変化するのは当然です。

　計画地が属する地域（市・区・町など）、さらにはその周辺地域の人口・人口密度等を記入し、地域差を比較できるようにしておくとわかりやすくなります。

　最近ではインターネットなどでも情報が取れやすくなっていますが、できるだけ実際に町を歩いてみることをお勧めします。

ポイント2　人口動態

　計画地周辺の人口が、今後どのように変化していくかを判断するための資料としては欠かせません。人口動態は潜在需要の変化にもつながりますので、商業・住居・業務系のいずれの活用計画においても重視しなければなりません。総人口の増減の詳細分析としては、自然増減・社会増減・地元高校入学率などの人口分析も必要となります。

　地域の人口の変化を自然増減、社会増減、昼夜間人口、年齢別人口など、様々な角度から顧客となり得る人口を分析できるように探っていきます。グラフ化するとよりわかりやすくなるでしょう。

ポイント3　交通・アクセス

　主要都市からの距離や最寄駅からの距離、あるいは、立地までの交通機関（自転車かバスか徒歩かバイクかなど）を知ることによって活用の範囲が狭められてきます。

　たとえば、ワンルームマンションなら駅前立地か、遠くても徒歩8分圏でないと入居が難しくなります。駐車場が併設できたり、大学や工場などのような駅に匹敵する集客力のある施設が近くにある場合は例外です。ただ、こうした施設の場合は移転によるリスクも考えておかなければなりません。

　また、同じワンルームでも社宅としての活用という切り口になると目的が変わってきます。社宅は会社への通勤と同じであること、コストが一部会社負担になることなどの背景があるためです。

　人や自転車の通行状況は集客力を図る有力な指数ですが、単に交通量だけでなく方向別、時間帯別なども調べておく必要があるで

ア）交通網

　計画地で何らかの事業が始まるということは、必然的に人の流れが変化（新しく生まれることも含む）することになります。交通の便が良ければより多い人の流れが期待でき、事業の活性化が図れるわけです。

　したがって、最寄駅や最寄りの繁華街までの乗り物別所要時間やおおよその距離をチェックしておかなければなりません。さらに、最寄駅からターミナル駅（計画地の生活圏における中心駅）までの所要時間を知っておくことは重要です。

　図表10のように、計画地を中心として、計画に関連しうる範囲の交通網をまとめていくのがよいでしょう。

　また、それぞれの所要時間も明記します。地図上に記入してもよいのですが、手書きの方がわかりやすいといえます。

図表10　交通・アクセス図

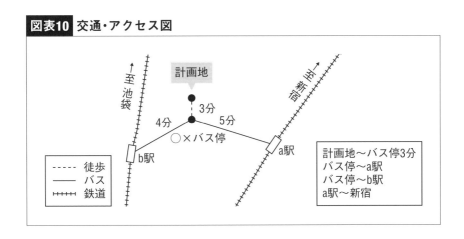

イ）交通量

　計画地を中心とした人導線・車導線上の交通量を調査するのは、商業系の活用計画では特に重視されます。基本的に、交通量が多いということは潜在需要が大きいと考えられるため、事業成立要件が高まるからです。

　賃貸計画においてもテナント出店の判断材料として必要になります。これらの資料は、駅や役所、土木事務所などで入手できます。

　調査書には、計画地隣接の車両通行量や人員通行量、そして最寄駅の乗降客数を記入します。計画地に影響を与えそうなポイントや比較できるポイントがあれば付け加えておくとよいでしょう。

ポイント4　周辺環境

　地区によってそれぞれイメージがあり、そのイメージによって事業成立の有無が明確になってきます。計画の可能性や方向性を判断する重要な項目です。

　そのためには長所・短所とも調べておかなくてはなりません。調査方法としては、目視による確認作業は重要ですが、航空地図によって敷地の環境条件をより明確にしておくことが第一歩となります。

　調査書へのまとめ方は、周辺地域を住宅地図や白地図などを用い、商業・工業・住宅などの各エリア分けを都市計画図よりもさらに詳細に示します。近隣の有名な施設は必ず記入します。エリアの分類で線を変えて表示する方法もありますが、わかりやすくするためにはカラーを用いる方がよいでしょう。

ポイント5 雰囲気

　それぞれの町には高級感、寂しい、ほのぼのといった様々な思いが漂っています。原宿、銀座、高田馬場といっただけでも、全く違った雰囲気を醸し出しているはずです。この雰囲気は、ハードウェアとしての街とソフトウェアとしての通行する人の服装、ファッション性や自動車の種類などにも影響します。ライフスタイルや生活水準を知ることにもつながっているからです。

ポイント6 公共施設

　公共施設が近隣に存在していると、その周辺は環境が整備されているケースが多いといえます。ファミリータイプのマンション企画の場合には、特にこの項目は重視しておかなければなりません。また、公共施設の種類によっては、集客力が高くなるケースもありますので、商業ゾーンとしても可能性が高くなります。

　調査書には、日常生活で必要となる周辺公共施設を全て示します。計画地からの距離や所要時間も記入する方がよいでしょう。

ポイント7 商業施設

　計画地周辺の商業施設は、どんな計画を立てるにあたっても必ず何らかの影響を与えるものです。商業施設の集積バランスや集客状況により、周辺の潜在購買力が判断できます。また、計画が住居系の場合でも生活上の利便性がアップするからです。

　つまり、マンション建設計画のケースでは、商業施設が近隣に存在することにより下層階にはテナント導入の確率が高くなるわけで

す。
　調査書には、計画地において生活圏内にあると思われるような主な商業施設を計画地との位置関係がよくわかるように描きます。距離なども明記するとよいでしょう。特に大きな施設や重要と思われる施設については、規模や内容を詳しく書くことがポイントです。

ポイント8　地域事業特性

　計画地の周辺は、事業性という切り口からみると、どういう特徴を持っている立地かを調査することが主眼となります。事業を行う場合、一般的には近隣の同業種はライバル関係になりやすいのですが、ケースによっては相乗効果によって事業性がアップすることもあります。ドミナント戦略のように同業者が集まることによって商圏が拡大する可能性があるからです。
　地域の特性を事業の成り立ちから判断するには、数字による比較、表やグラフの作成により、理解しやすいものにすることが必要になります。こうした資料収集には地域の商工課などの統計資料が役立つでしょう。
　地域事業特性は**図表11**のようにしてまとめておきます。

図表11 事業特性の一覧表

事業所特性

サービス	工業	飲食	金融	物販	製造	運輸
102	21	53	5	26	6	11

産業別分類

- 第1次産業 2%
- 第2次産業 23%
- 第3次産業 75%

ポイント9 地域民力

　計画地周辺住民の購買能力などの潜在需要に含む「民力」は、計画のグレードを左右する要素を持っています。特に、商業施設を計画の中心に置いているケースでは店舗導入の可能性について大きな影響を受けるため、『都市データパック』などによって資料収集を行う必要があります。

　調査書には、計画地が位置する地区と周辺地区のデータとを比較し、生活レベルを判断できる図表づくりをするとわかりやすくなります。

ポイント10 競合施設の現状

　計画内容の方向性がある程度決まっているなら、類似した施設が計画地周辺にある場合には現状を詳細に調査しておく必要があります。特に、事業が成長しているケースではその成功パターンを上回る計画性が必要とされ、逆の場合は、失敗の原因を分析することができるためです。
　他との差別化は可能か、調和か不調和かなど、将来への影響もチェックしておかなくてはなりません。調査ポイントは、広さ・大きさ・外観・テナント状況などです。

ポイント11 競合施設の開発予定

　計画地周辺に、現在競合施設が無いからといって安心できるわけではありません。計画が実行されるまでに新たな施設が建ち上がるかもしれないためです。周辺の開発予定をチェックし、それらを考慮した上での計画を立てておかなければなりません。
　したがって、都市計画課での情報収集や『日経MJ新聞』などによる資料収集も必要となります。場合によっては、現地の不動産会社や建設会社への打診も考えられます。

ポイント12 土地相場

　土地の時価は、有効活用としての資金計画には何ら影響を与えませんが、2つの判断基準を知るためには必要不可欠な情報です。
　1つは、時価を知ることで建築資金の調達を行うための担保能力を判定できることです。もう1つは、今回の計画にあたっての本来

の投下資本収益力を知るために必要になります。

　所有している土地を活用して収益力を考える場合には、当たり前のことですが、その土地の時価を分母に加えなければなりません。相続で引き継がれてきた土地を活用する場合に、土地価額を無視して利廻り計算をしているケースによく出会います。この場合は、土地を時価で評価して有効活用のために投資したとみなします。したがって、その調達方法は自己資本ということです。

　立地のポテンシャルの見極めや固定資産税等の税負担のチェックとしても時価を知ることは必要といえるでしょう。

　調査書には、計画地周辺の時価相場を公示価格・路線価・近隣の売買事例などにより判断できるように示すようにしておきます。資料はインターネットだけでなく、住宅情報誌・税務署・役所・不動産会社などからも収集できるでしょう。

ポイント13　賃料相場

　土地相場と違い比較的安定しているため、計画地における収益の目安を知るための判断材料となります。相場と需要はほぼ比例しているからです。

　また、一定地域内なら、道幅・環境・地形等によってもそれほど左右されないため、事業計画を立てる上でも現実の数字を把握することが重要な基礎データとなります。これらは住居系、業務系、店舗系に分けて一覧表（賃料と保証金の坪単価）にしておくことが必要です。

2
事例における環境要因のピックアップ

　事例における環境要因を検討すると、いくつかの視点を得ることができました。そのうちの15点ほどをまとめておきましょう。

① 周辺人口の構成は、20～30歳代と60歳代のゾーンが高くなっている珍しいエリアであり、住ゾーンをみると、シングル系とファミリー系が混在している。

② 地域に占める高齢者の割合は都心においては平均的であり、近隣地区よりは低い状況である。

③ 自転車で15分圏内には６つの大学や短期大学が存在しており、専門学校や高等学校、あるいは中学校や小学校などの教育機関も10校ほどバランスよく点在している。

④ 幼稚園や保育園なども数園が開園しており、若年層の家族世帯も暮らしやすいエリアといえる。

⑤ 横丁と呼ばれる商店街にはそこそこの人通りがあり、主要JR駅と地下鉄駅の間にある。夕方になると比較的賑わっている。

⑥ 最近の傾向としては、分譲マンションや賃貸マンションの建設も多く、ファミリータイプ、ワンルームタイプを問わない。

⑦ 西の方向に高い建物が少なく、高層部になると富士山が見えるエリアでもある。

⑧ JR線と地下鉄線が並行して走っているうえ、ターミナル駅までいずれの線も3駅である。

⑨ 幹線道路は都心と地方を結んでいるため車両通行量は極めて多く、どちらに行くにも便利である。

⑩ 近隣に警察署の移転が確定しており、防犯などに関しても意識の高いエリアといえる。

⑪ 若い世帯と高齢者世帯が多いことで、幼児や子ども、あるいは高齢者のための診療施設が適度にある。

⑫ 徒歩12分圏のJR駅周辺は、企業や公共施設あるいは大学などの集積地になりだしているが宿泊施設は少ない。

⑬ 大型商業施設は少なく（ターミナル駅が近いこともある）、特徴のある専門店も少ない。

⑭ 基本的には旧街道沿いの商店街立地だったが、旧街道が幹線になったことで生活区域が分散してしまっている。

⑮ 通勤・通学に対する立地の良さで若年層も増えているが、幹線道路から奥に入ると旧来からの住居が多く、相続によってマンション化しだしている。

　オーナー要因と社会要因、さらには、環境要因を調査し分析するとポイントが見え出してきます。これに立地要因（立地要因とは、全体の企画をかなり制限する要因になります）の分析を行っていくと全体の方向性が浮かび上がってくるのです。

第**4**章

立地要因の調査とまとめ方

1 立地要因の調べ方

　不動産活用において最も基本的な調査要因が立地要因です。立地要因とは企画対象となる土地そのものの性格分析のことをいいます。

　基本的には、土地自身の持っている様々なプラス・マイナスの要素を把握することが最大のポイントになります。**この土地にとって「最も似合っている（必要である）ものは何か」** を探し出すために行う要因だからです。

　立地要因には**図表12**のように、11の調査項目があります。それぞれの内容についてのポイントを見ておきましょう。

図表12　11の調査項目

① 都市特性
② 計画地を含む近隣状況
③ 現況把握
④ 敷地状況
⑤ 権利関係
⑥ 建物（規模・構造）
⑦ 建物（設備）
⑧ 建物（テナント・収益）
⑨ 用途地域
⑩ 上下水道
⑪ 電気・ガス

注）⑤〜⑦は既存建物リニューアル

ポイント1　都市特性

　計画地が、所属している町の中でどういうポジショニングを占めているかを調べるために必要な項目です。同時に、土地を取り囲む周辺都市との立地的な関連性にも目を向けておく必要があります。そのためには、2万分の1か5万分の1の地図や統計資料、『都市データパック』等の資料が必要になります。

　また、調査書へのまとめ方は、他の町との関係がわかるように計画地を中心とした半径数kmの円（5km圏や10km圏など）を描くようにしておくとわかりやすくなるはずです。

ポイント2　計画地を含む近隣状況

　計画地を再確認するために必要な調査項目ですが、特に重視しておきたいのは近隣状況です。近隣を明確に把握しておくためには、目印となる官公庁や大規模施設などと計画地の位置付けを行うことが大切です。

　この場合の近隣とは現地調査の範囲のことで、条件によっても異なりますが、半径100m内外が1つの目安になります。航空地図や白図、謄本をベースに住居表示や地番を明記していきます。

ポイント3　現況把握

　敷地や建物、あるいは近隣状況を把握します。**ポイント2の近隣状況**は平面図ですが、次ページの**図表13**のように立体的に見える資料が必要です。

　たとえば、周辺隣地に関しては、隣地の広さや形、あるいは施設

第4章　立地要因の調査とまとめ方

の規模や入居テナント等の把握をしておかなくてはなりません。ここでいう隣地とは、両隣だけでなく一区画単位のことです。これは地域とのバランスや整合性を考えたコンセプトを企画するためにも重要です。

そのためには現地写真や周辺地図を添付して、どの方向からの眺めなのかを明示するとわかりやすくなります。

図表13　現況把握のまとめ方

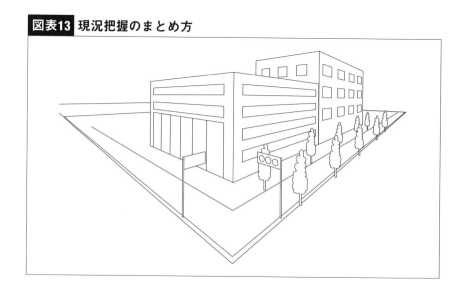

ポイント4　敷地状況

敷地の形状や前面道路の幅、間口の広さなどは、計画の規模や使用用途を決定する重要なポイントになります。

また、計画の実行にあたっては交渉相手になるうえ、共同ビルの企画対象にもなるため、隣接の土地所有者の敷地も調べておく必要があります。さらに、面積、地形、間口については、次の**ア）〜ウ)**ように詳細にチェックしていきます。

ア）面積

　土地の面積は建物のタイプや業種のタイプが制限されるうえ、建築コストにも影響を与えます。ただ、面積の大小によって使いやすいかどうかは全く関係ありません。

　業種別の適正規模（延べ床面積）の一例を**図表14**にまとめておきましたので参照してください。

図表14 業種別の適正規模（一例）

業種	適正規模
コンビニエンスストア	売場面積30坪程度 郊外店…100坪程度（駐車場含む）
ファミリーレストラン	都心型…店舗面積50〜100㎡ 郊外型…店舗面積300〜500㎡（敷地1,000〜1,700㎡）
コインランドリー	20〜30坪（駐車スペース含まず）
フィットネスクラブ	・小型(特化型):1,000㎡以下 ・中型:1,000〜2,000㎡ ・大型:2,000㎡〜
ドラッグストア	郊外型:売場面積300〜1,500㎡（敷地1,500〜3,000㎡） 都心型:売場面積150㎡
ホームセンター （ロードサイド）	売場面積1,500〜15,000㎡（敷地1万〜4万㎡程度） 小型店舗1,000弱〜2,000㎡
デリカショップ	2坪〜
調剤薬局	最低基準:19.8㎡以上（このうち調剤室は6.6㎡以上）
トランクルーム	屋内型:20坪程度〜（駐車場含まず） 屋外型:50坪程度〜

イ）地形

　土地は、正方形・長方形の平地ばかりではなく、曲がった、細長い、窪んだ、三角形、傾斜地など、ほとんどが変形地です。つまり、全てが企画の制限を受けたり、建築のコストアップにつながってくるわけです。ただ、少し崩れている変形の土地の方が企画という意味では面白いといえるでしょう。企画者の発想レベルが顕著に表れてくるからです。

　北向きの傾斜地に誰もマンションを作ろうとは思いません（単身者用のワンルームならなんとかなるかも）。ところが、ゴルフ練習場としてなら逆に解放感に満ち溢れているかもしれません。こういった点からある程度業種が絞り込まれてしまうのですが、企画はここから先が勝負になるのです。

ウ）間口

　間口とは道路に接した面の長さによる制限です。もちろん、道路との接面が長ければ長いに越したことはありません。間口のスペースは、「視認性」「法律制限」の影響を受けるからです。

　「視認性」とはアイキャッチ効果のことです。したがって、狭ければ商業ゾーンとしての活用はマイナスとなります。それでも、需要創造型や目的型立地なら、影響は少ないといえるでしょう。

　「法律制限」に関しては間口のスペースが広ければ問題ありません。ただ、狭いと容積率や高さ制限の再チェックが必要となる項目です。

　敷地の形状にも影響されますが、接道部分が長いほど間口が広く取れるため、商業施設にとっては集客が有利になります。逆に、間口が狭い敷地ほど目的意識を持った人を集めるための施設を作らなくてはなりません。

百貨店でいえば、「シャワー効果」といわれるように、上の階に配置されている売り場ほど明確な購入目的を持った人が訪れるのと同じです（最近では地下を核とした「噴水効果」）。ロードサイド施設でいえば、ショッピングセンター、ディスカウントストア、貸倉庫などがそれにあたるでしょう。

また、道路の位置により駐車場が決定されるため、施設のレイアウトも地形の確認によりおおよそ決まることになります。

ポイント5 権利関係

権利内容によって、個人で計画を立てるのか法人形態なのか、あるいは共同計画か、などのように違いが生じてきます。したがって、隣地所有者や計画地の権利関係を把握するためには名義人を調べておかなくてはなりません。

企画内容によっては、計画後の運営手法や税務戦略にも影響を与えます。収集した公図から、地形・敷地境界など計画地や隣接地の内容がよくわかるよう図表化しておくとよいでしょう。

ポイント6 建物（規模・構造）

土地の活用ではなくて、既存の建物をどう活かし直すかというリフォーム・コンバージョンなどの調査を行う場合には必要な項目です（**ポイント7及びポイント8**の項目も同じ）。

現在建っている様子を把握するために、規模や構造をチェックし、新しい時代と合わせてどういう利用ができるかを考えていきます。したがって、構造・規模の他、フロア別の面積も記入していくことが望まれます。

ポイント7 建物（設備）

　建物の設備を計画内容に応じて有効に活用するためにはどうすればよいのか。利用できないのなら、どう改善すればよいかを調べる必要があります。したがって、電気や空調、配管の配置や耐用年数なども把握しておかなければなりません。

ポイント8 建物（テナント・収益）

　現在、賃貸物件として建物を使用している場合は、賃貸によって得ている収益を把握します。入居しているテナントの業種や規模などによっては、収益性やビルイメージを左右しますので、しっかり把握し、改善点があるかどうかについても検討を行います。
　現況の建物に入居しているテナントの名前や業種・賃貸面積、及び賃料・保証金・契約形態・契約期間などを明記し、建物内部における位置付けのわかる図を入れるとさらによいでしょう。

ポイント9 用途地域

　現地調査の中でも、収集資料として最初に調べなくてはならないのが法的条件です。特に都市計画法で決められている用途地域は、これによって建築可能な範囲が決定されてしまうため、重要な調査要因となります。建築可能な範囲が決定されるということは、業種や業態の制限になるからです。同時に、建ぺい率・容積率・日影規制・高度地区・防火地区等の調査も重要です。
　都市計画の基本である用途地域の業種は細分化されており、住居系地域7種類、商業系地域2種類、工場系地域3種類、その他1種

類に区分されています（どの地域にも該当するのが、診療所、保育所、公衆浴場、神社、寺院、教会、一定規模以下の郵便局などです）。

ただ、用途地域で制限されるのはあくまでも建物です。立体駐車場のような設備やテニスクラブのコートなどは対象になりません。ただし、集客力を高めるためにショップを併設すると、用途地域の制約を受けることになります。

ポイント10 上下水道

上下水道の整備内容によっては計画地の使用用途が制限されることになるため、重要なポイントです。もし、使用用途に合わせて整備し直すとすれば、別途、多額のコスト負担が増えることになります。

なお、下水道の場合には、地域によっては修理の方法も違ってきますので、こうした点も調査しておく必要があるでしょう。

図表15 上下水道

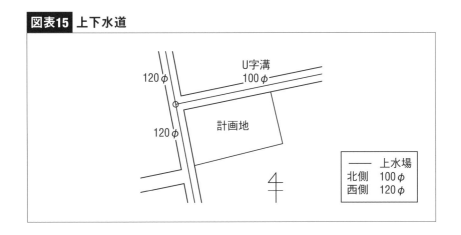

ポイント11 電気・ガス

　計画地が都心部などの中心都市であればほとんど問題はありません。ただ、山間部や海辺では、電気が引かれていなかったり、プロパンガスの使用になったりすることがあります。これらは、計画地の各設備会社に問い合わせると具体的な情報を提供してくれますので、将来計画等も一緒に調べておく必要があるでしょう。

　計画地が属する各関係者所在地、及び連絡先を明記し、注意事項等があれば付け加えておくと計画実行時に便利です。

図表16 電気・ガス

設備	会社	
電気	東京電力 世田谷営業所 03- -	
ガス	東京ガス 世田谷東営業所 03- -	

　不動産活用を行う場合に特徴的なことを理解しておく必要があります。それは、計画土地は世の中に1つしかないということであり、同時に、その土地の所有者も1人（1社）しかいないということです。したがって、立地における最優良の土地活用法が土地の所有者の考え方とフィットしていれば最高の土地活用になるということになります。問題は、そうならないケースが多くあるため、オーナー要因が最も重要になってくるのです。

2 土地の条件と活用方法の関係

第4章 立地要因の調査とまとめ方

　次ページの一覧表は、立地と活用法の一部をマトリクス化したものです。立地は住宅地、商業地、工業地、その他（観光地、農業地）に分類し、活用法は20ほどに分けています。

　このマトリクスで見ると、今回の立地は、住宅地としては一般住宅地、店舗などが混在する住宅地に該当するとともに、商業地としても、商店街、マンションなどが混在する商業地、ロードサイドの商業地などに該当することになります。

　活用法などを追加して一覧表にしておくことで大まかな方向性を見つけ出すことができます。

● 土地の条件と活用方法の関係一覧表

活用法＼立地	住宅地 高級住宅地	住宅地 一般住宅地	住宅地 工場などが混在する住宅地	住宅地 店舗などが混在する住宅地	郊外の大規模団地	オフィス地域
賃貸マンション	○	○	△	○	△	×
アパート	×	○	△	○	△	×
シルバーマンション	×	△	×	△	△	×
大規模オフィスビル	×	×	×	×	×	○
小規模オフィスビル	×	△	△	△	×	○
商業ビル	×	×	×	△	×	○
ファッションビル	×	×	×	△	×	×
ホテル	×	×	×	×	×	△
飲食店	×	△	×	△	△	△
サービス関連店舗	×	△	△	△	△	×
教育関連施設	×	△	×	△	△	×
カルチャーセンター	△	△	×	△	△	×
スポーツクラブ	×	△	△	×	△	×
テニスクラブ	×	×	△	×	△	×
ゴルフ練習場	×	×	△	×	△	△
医療施設	×	△	×	○	△	×
ショールーム	×	△	△	△	×	△
貸しスタジオ	×	×	×	×	×	×
ホール	×	×	×	×	×	×
研修所	×	×	×	×	×	×

※表の見方　○…活用するための必要条件を満たしているもの
　　　　　　△…いくつかの条件をクリアーするか、用途を絞り込むことによって活用可能となるもの
　　　　　　×…クリアーすべき条件が多すぎるか、基本的に活用に適さないもの

	商業地				工業地		その他	
	都心ターミナルの繁華街	商店街	マンションなどが混在する商業地	ロードサイドの商業地	大規模工場・倉庫地域	中工場・倉庫地域	観光地	農村・漁村部
	×	△	○	×	×	×	×	×
	×	△	○	×	×	△	×	×
	×	×	△	×	×	×	○	△
	○	×	△	×	×	×	×	×
	○	△	△	×	×	△	×	×
	○	○	△	△	×	×	×	×
	○	○	△	×	×	×	×	×
	○	△	×	×	×	×	○	×
	○	○	△	△	×	×	○	×
	△	○	○	△	×	△	△	×
	△	△	△	△	×	×	×	×
	△	△	△	△	×	×	×	×
	△	○	△	△	△	△	△	×
	×	×	△	△	△	△	△	×
	×	△	△	△	△	△	△	×
	×	△	○	×	×	×	×	×
	△	○	△	○	×	×	×	×
	×	△	△	○	△	△	×	×
	△	×	×	×	×	×	×	×
	×	×	×	△	×	△	△	△

第5章
立地診断フォーマットの作成法とテナント交渉の具体例

1

立地診断フォーマットと
テナント交渉

1 事例に基づく診断フォーマットのまとめ方

　ケーススタディにおけるコア店舗の決定までのプロセスを紹介していきましょう。
　計画土地は、都心と郊外を結ぶ大型幹線道路に面しており、その幹線道路の下を地下鉄が通っています。敷地面積は60坪。道路から見て縦長の台形地のため、賃貸用不動産を考える場合はフロア面積が制限され、レンタブル比にも影響を与えてきます。
　ただ、地下鉄駅の上に位置（ただし、駅の地上出入口の中間位置にあります）しており、利便性は高く、住居系、業務系、商業系の需要は十分にある立地といえるでしょう。
　計画当初は、地下鉄ホームの真ん中上部に位置しているため、地下空間も活用する場合を考えて地下鉄経営会社に改札口の設置の交渉を行いました。ただ、ホームの前後に改札口があることや乗降客数を考慮しての需要予測などを考えるとその必要性を感じないと断られています。
　立地要因を検証しながら立地診断フォーマットを作成していきます。基本は、88ページの**図表18**に示したように、縦軸に立地評価

区分、横軸に入居を期待できるテナント属性に大別して、マトリクス方式でまとめていくと立地から見たポイントがわかりやすくなってきます。

　縦軸の評価区分は、「土地の性格」「顧客ニーズ」「周辺立地分析」「地域における競合の可能性」の４点から検討していきます。これらは前章で示した11の立地要因の調査項目（今回のケースは土地活用のため８項目）をまとめていくことで浮かび上がってくるものです。

　一方、**横軸のテナント属性は**、①住居系、②業務系、③商業系、④宿泊系、⑤医療・福祉系などに分類していきます。土地は個性があるため、ケースによっては、⑥健康・スポーツ系、⑦教育関連系（カルチャーセンターや研修所なども含む）など、横軸を増やしておくとよいでしょう。

　また、ショールームや貸しスタジオ、あるいは貸ホールなどは、基本的には商業系の小分類に含め、インキュベーションオフィスや貸会議室、さらにはシェアオフィスなどは業務系の小分類にして対応します。テナント属性における細分化の事例は、**図表17**に簡単にまとめておきましたので、参考にしてください。

図表17　テナント属性の細分化の事例（横軸の変形）

① 住居系	当初から「住」ゾーン中心が考えられる立地の場合は、横軸はワンルーム系、ファミリー系、混合型、シェアハウス系など、「住」を中心にした詳細な区分にする。
② 業務系	基本的にはBtoBビジネスとして考えるが、この場合は、オフィス系でもある程度ターゲットを分類して横軸にまとめてしまう方が良い。 たとえば、会社オフィスなら社員規模別、支店集約型、業種類似型、地方都市アンテナオフィス、シェアオフィスなど、業務系を詳細にしてまとめていく。
③ 商業系	飲食系、物販系、サービス系などに分類することで専門型のビル企画になる。また、複合型なども加えたり、逆に、それぞれをさらに細分化（たとえば、飲食なら和・洋・中、あるいは、ソバ、ラーメンなど）しておくとビルイメージがわかりやすくなってくる。

図表18 A社立地診断フォーマット

評価		計画地	①住居系
敷地性格	敷地規模形状	敷地　60坪の縦長の台形地	△ 全体面積が少ないため、入居者選定のバランス構成が難しい。
	特性	X街道沿いの地下鉄駅至近距離	△ 台形のため、エレベーターの配置が重要になる。
顧客需要	最寄駅までの距離	至近距離 （左右の出入り口の中間地）	◎ 主要駅（TやS）から1本で行ける地下鉄駅上のため、地方も対象とできる。
	歩行交通量	比較的多い （北側のX街道にのみ面している）	△ 通行量は対象外である。
	車両交通量	X街道沿いのため多い	△ 車の騒音、排気ガス対策が必要になる。
	視認性	人・車両の通行が多いため視認性は強い	○ 駅前（駅上）立地のため、イメージ作りが必要となる。
立地分析	隣接地・周辺エリアイメージ	X街道沿いに商業ゾーン。通りを入った立地に住居ゾーンが多数存在する地域	◎ ターミナル駅から3駅、6分、生活インフラも整っている。
地域競合	競合状況	小規模ビルや小規模マンション	○ ワンルーム、ファミリーともに競合は多いが、1LDK市場はニーズがある。
総合評価			◎ 競合が多いが、大学も多い立地で利便性も高いため、一定層に対してのニーズはある。

第5章 立地診断フォーマットの作成法とテナント交渉の具体例

	②業務系	③商業系	④宿泊系	⑤医療・福祉系
	△ フロアー面積が制限されるが、中小規模オフィスのニーズは期待できる。	○ 低層階中心の都市型の小型物販店がターゲットになる。	× 規模が小さい。	◎ 30～40坪が中心となる(整形外科以外)クリニックには向いている。
	△ 縦長の台形で奥行きがあるため、小規模化の分離になってしまう。	△ 奥行きが長いため、一部を通路として対応する必要がある。	× 整形地ではないため、適さない。	△ 奥行きの1階店舗部分に関しての企画が必要。
	△ 地下鉄Y線の駅上だが、ビジネスの主要駅ではない。	○ 利便性が高いため、低層階のニーズは見込まれる。	○ 駅前立地のため、向いている。	○ 利便性が高いため、集客は見込める。
	○ 地下鉄駅出入り口が左右にあるため、それなりの人出はある。	○ 商圏3kmエリアの集客をターゲットとした目的型立地と言える。	× 通行量とは関係ない。	○ 商圏1.5km内の人口は多いが、歩行者はそれなりである。
	× 駐車場の設置を考えると面積的に収益力が弱くなるため、不利になる。	× 車両を活用するだけのスペースはないため、近隣がターゲットとなる。	× 交通量とは関係ない。	× 車両エリアではないため、近隣がターゲットとなる。
	△ X街道沿いのため、アイキャッチさせるためには工夫が必要。	○ 歩行者、車両の両方からの視認性は強い。	○ 視認性はある。	○ 1階に目的型店舗を導入するとすれば可能性はある。
	△ 中・小規模オフィスとしての実需は見込まれるが、上層階までの誘致は難しい。	○ 基本的には目的型店舗として1～2階までは誘導できる。	× 宿泊系のニーズがあるエリアとは言えない。	◎ 調剤薬局の商圏内人口(1.5km以内)は3万人だが、世帯数で9万、人口は15万人ある。
	△ JR Z駅や隣接駅が競合エリアとなるため、限定したニーズに制約される。	○ 低層階は飲食・物販・金融系の出店は可能(ただし、大手コンビニは出店予定なし)。	× 当駅を最寄り駅とするビジネス系宿泊施設はほとんど見当たらない。	○ 半径1.5kmに5病院、150診療所がある。
	△ 一部は可能だが、業務系単独の立地とは言えない。	○ 1～2階に小規模店舗は可能で、物販系サービス店には向いている。	× 立地的に不向き。	◎ 1階に調剤薬局を導入すると、上層階に医院誘致は可能と思われる。

2 総合評価欄で方向性を検討

　立地診断フォーマットでは、調査・企画担当者がコメントをまとめていきます。複数の担当者がそれぞれの視点でまとめて擦り合わせていくことで、より具体化できるでしょう。特に、立地診断フォーマットでは、敷地性格と顧客需要の内容をしっかり分析していくことである程度の企画の方向性が見えるようになってきます。

　さらに、立地分析と地域競合の項目は、立地要因に環境要因を加味した分析を行うことになります。ここまでくると立地面から見た企画対象不動産の活用方法が大方絞られてくるはずです。

　最後の総合評価欄はコメントも重要ですが、判断基準としては「印」が大切です。企画担当者がどんな企画を考えているかを明確に主張しているのは「印」だからです。

　なお、この場合の印は◎、○、▲、△、×の5段階としており、◎はベターレベル以上を示しています。また**できるだけ中間の評価である▲を使わないことも重要**です。

　A社土地の立地診断フォーマットを見ると、大きな方向性として①の住居系と⑤の医療・福祉系の総合評価に◎が付きました。ただし、住居系では各項目に×はありませんが、立地の性格や需要面での車両によるマイナス効果による△印が多いことがわかります。

　また、医療・福祉系では、立地特性や車両交通量、及び地域競合面ではポイントは高くありません。それでも総合評価が高いのは、企画の立て方やテナントの組み合わせによってマイナス面はクリアできると考えられたためです。

3 オーナー要因との擦り合わせ

　立地・環境面から考えられる方向性が見えてくると、オーナー要因や社会要因との擦り合わせに入ります。オーナー要因を分析した中で、次ページの**図表19**のようにいくつかの要望が出ていたとします。**図表19**はオーナー要因を分解していくことでどんな事業スタイルが良いかを考えるための変形ロジックツリーと考えればよいでしょう。

　たとえば、①本業を補完する安定収入を獲得したい（そのための資金調達の不安はない）というケースに該当するなら、次いで「手間暇を掛けたくない」あるいは、「多少は人材の余裕がある」という選択肢に分解できます。

　図表19は一案にすぎませんが、オーナー要因をできるだけロジックツリーで分解していくとかなり絞られてきます。そうすると、その先に出会う事業もさらに絞られてくるため、方向性が見えやすくなるはずです。

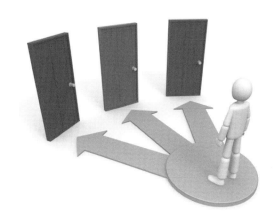

図表19 土地所有者の要望から見る活用事例の分解図

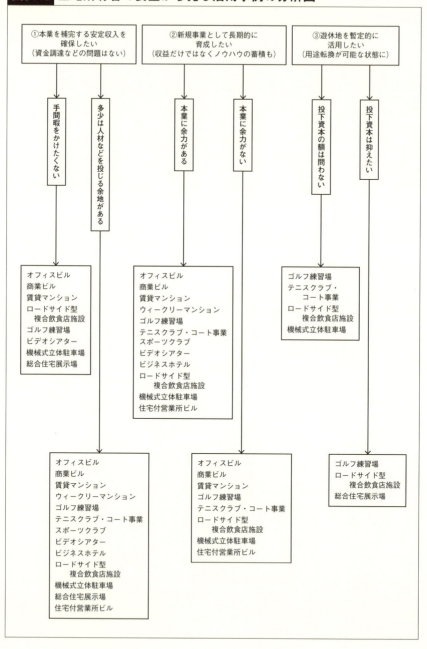

A社の要望をまとめると主要なテーマは次のような7つの課題に絞られました。

① 保険ビジネスという一本柱から次の時代を考えて不動産賃貸事業を確立させていきたい。
↓
② 現状の事業に人手が必要なうえ、不動産事業のプロの育成もできていないため、当分は不動産事業に手間暇をかけられない。
↓
③ 不動産事業でキャッシュフローの余裕が生まれることが明確になれば、人材採用などは積極的に行いたい。
↓
④ この土地で育てていただいただけに、A社の思いが近隣にも理解されるような土地活用事業としたい。
↓
⑤ 既存事業のシナジー効果が生まれるような収益性ビジネスの企画が有り難い。
↓
⑥ 一部は自己資金を投下する余裕があるが、現在の社会情勢を考えて金融機関から資金を調達したい。
↓
⑦ できるだけ効率よく活用したいが、容積率を重視するより収益還元率を意識した投資を考えたい。

　これらを簡単にまとめると、新規事業としての不動産賃貸事業を将来もう1つの柱として育てていくための足掛かりとしての活用を考えておられることがわかります。

現状では、既存事業で一定の収益力を生み出しそれを継続されてきました。今回、本社事務所も好立地に移転され、人材の強化なども同時並行で進められています。そこに既存の土地を活用することで今後の人口減・需要減となる社会の中を考慮したもう1本の柱を早めに構築しておきたいというわけです。

　A社の現状と方向性、さらには、収益力などの財務力を考慮するとともに、近隣への配慮やA社の経営スタイルなどを鑑みて、立地診断フォーマットでも評価点の高かった医療・福祉系事業が浮かび上がってきました。

　また、ヒューマンタッチというコンセプトがA社のベースになっており、健康を支援するのも保険ビジネスの背景になっています。同時に、何らかの緩やかなネットワークづくりにもなり得るテナント候補といってもよいでしょう。

　過去の事業ドメインを考慮すると、この地域に必要な事業としても波及効果をもたらせるのではないかとも考えました。

　すでに、立地分析時において人口構成や生活力診断などから半径1.5kmの診療圏のチェックも行っています。これらは立地診断フォーマットの「立地分析」において世帯数9万、人口15万人、「地域競合」において5つの病院、150の診療所施設があることを把握しているからです。

4 コア店舗の決定と交渉の仕方

　そこで、核店舗としての調剤薬局に対して具体的な出店ニーズを確認することとなりました。昨今はドラックストアに押され気味の調剤薬局から具体的な現状を聞いておきたいというのも打診の理由の1つです。

病院周辺に乱立する調剤薬局に対して国は、患者の生活に寄り添うサービスを重視する「かかりつけ薬局」を増やす方針を打ち出しています。2014年の診療報酬改定では、特定の医療機関から処方箋が多く集まっている薬局の報酬を大幅に引き下げました（この企画は2015年後半に行っており、2016年及び2018年にはさらに改定されています）。そのため、門前薬局からの事業モデルの進化を急いでいるのが調剤薬局の現状なのです。

　社会要因の分野でこうした情報を入手しているため、１階を調剤薬局にすることで低層階が内科・小児科・耳鼻咽喉科などの医院を集めた小規模のメディカルビル（医療モール）の実現可能性が高いのではと考えました。そこで、調剤薬局チェーンを経営する大手数社に打診することとしたわけです。

　Ａ社のケースでは、調剤薬局の業界上位の６社に打診しました。こうした場合、**直接電話**などでアポを取るだけでなく、**医療コンサルタント**や**医療分野に特化した税理士事務所から情報を得るなど、交渉の質を上げるための手続きなども重要**です。これらは**交渉相手と信頼関係を構築するために欠かせない手間手続き**ともいえるでしょう。

　また、１階の調剤薬局をコア店舗とすると、上層階の２～４階程度までは小規模の診療所や医院の入居が期待できます。この場合、調剤薬局が一括借りをしてサブリースするスタイルになるケースが多いため、Ａ社側としては自社の構想（人的資源が不足しているので、できるだけ第三者に任せたい）にも合ってきます。

　そのため、交渉は１階の出店以外に１～４階の全体の賃料の限界についても打ち合わせ時に提案してもらいました。出店申込書には１～４階ごとのフロアに関して賃料に関する具体的な数値の上限を出してもらうようにしたのです。

第５章　立地診断フォーマットの作成法とテナント交渉の具体例

図表20のように、各診療所の専有面積はだいたい決まっています。そのため、整形外科や婦人科、眼科などは今回の敷地面積から検討するとターゲットにはなりにくいということになります。

図表20　診療科目別適正規模

	専有面積(坪)	天井高
内科	35～45	
小児科	30～40	
耳鼻咽喉科	30～40	
眼科	30～50	床～天井:260～270cm
皮膚科	30～40	床下:20～30cm
整形外科	70～80	梁下:30～40cm
婦人科	30～50	
調剤薬局	25～30	

　ちなみに、各テナント候補との交渉の結果については必ず一覧表を作成してコメントを付けて残すようにしておきます。その理由は、業界情報リストとして今後のために保存しておくだけの価値があるからです（まさに直近のテナント情報がつかめます）。

　なお、今回の出店候補企業からは、保証金や賃料、あるいはその他の対応にこそ若干の違いがありましたが、全社出店OKの承諾をいただくこととなりました。

2
テナント計画
住居ゾーンの入居者選定の仕方

1 ビルコンセプトと入居者ゾーンの決定

　テナント計画とは、立地要因とオーナー要因に合った建物を企画し提案する際に、同時にその建物に入居するターゲットとなるテナントを想定するということです。

　もちろん、想定するということは入居までの事業の進め方を考えるとともに、入居者を選定してしまうということも含まれます。

　この場合に最も重要なのは、入居者であるテナントを誰にするのか、そのためにはどんな建物をイメージするのか、入居者からいただく家賃総額はどのくらいになるのか、そうするとどのくらいの投資が可能なのか、といった一連の事業計画を構築することにつながってきます。

　つまり、「テナントを誰にするのか」ということは、ビジネスモデルでいう「誰を顧客とするのか」ということと同じで、事業を行う場合には最初に決定すべきことです。さらにテナントを決めることで収益力が見え、その結果、投資額の全体像も見えてきます。

　ROA（Return on Asset）とか ROI（Return on Investment）という事業全体の概要やバランスがわかるということです。

今回の企画の基本コンセプトは、低層階を小規模型のメディカルビル（医療モール）としたことです。これによって上層階の住居系入居者のニーズも「女性」「単身者」又は「小家族」というコンセプトが見つけやすくなりました。
　1階に調剤薬局、2階～4階に内科・小児科・耳鼻咽喉科などがあるということは、自分の住居内に「健康に関する施設」を抱えているということになります。さらに、地下鉄駅上という立地も考慮すると、こうした分野のリスクに「不」を感じている層がターゲットになってくるというわけです。
　「独り住まいの老若女性」や「小さな子どものいる小世帯家族」、あるいは「高齢夫婦」などが「健康」「駅近」に関する「不」を最も感じていると思われるからです。

2 立地分析とオーナー要因の融合

　そこで、このエリアで賃貸物件を探すユーザーの間取りニーズ、及び住居スペース、並びに家賃ニーズを調査することとしました。同時に、HOME'S掲載物件の同じニーズと対比することで、競合度合い（需要と供給のバランス）も検証することとしました。
　図表21に見るように、このエリアの「入居希望者の条件」をチェックすると、「掲載されている物件」より割合が多いのは「1LDK～2DK」、面積では「30㎡～40㎡」のゾーンであることがわかります。さらに、家賃では「6万円～7万円」と「10万円～13万円」のゾーンに検索が多いことが判明しました。
　この物件の土地面積からレンタブル比を考慮すると、ワンフロアの賃貸面積は120㎡～130㎡程度になるため、30㎡をベースとするとワンフロア4室、35㎡をベースとすると3室程度になります。

図表21 賃貸入居者が希望する間取り、家賃、面積

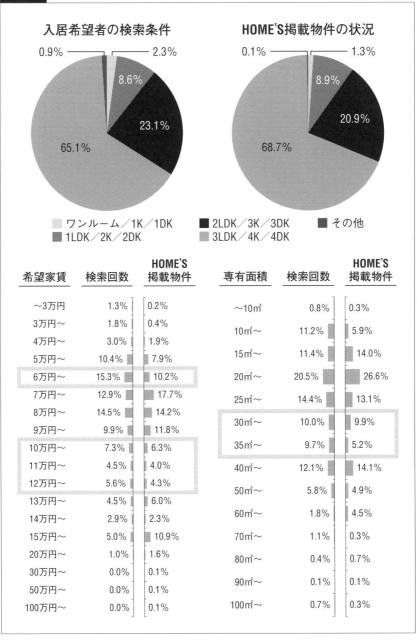

さらに計画地周辺で駅から徒歩10分以内の1LDK～2DKの平均賃料を調べると、ほとんどが月額10万円前後になっている現実がありました。坪単価で1.1万円～1.3万円程度なら事業として成り立つ立地であるということです。

　今回の企画はオーナー要因からもわかるように、できるだけ自社が係わらないスキームで事業の継続を望んでおられます。つまり、当分はテナントの入退去などを含めて自社から人材を割くことは難しいため、信頼のできる不動産会社に全てを一任されたいという意向が強いのです。

　そのため、立地におけるテナントニーズの把握や家賃相場を明確に理解したうえで、不動産会社に一括貸しが可能かどうかが次のステップになってきます。

　まだビル企画の段階ですが、住居系のテナント管理業務に強い不動産管理会社3社と交渉し、X社と管理受託の仮契約を結ぶこととなりました。入居及び退去時の通常のリフォーム（原状回復費用）は、全て管理会社の負担で行ってもらうこと（もちろん、設備の故障、欠陥、不具合等の修繕費用はオーナー負担）、及び坪当たり単価10,000円以上の賃貸保証（事前調査では11,000円～13,000円なら相当のニーズが見込め、かつ、立地上、企画上の優位性がある）をベースとして交渉した結果です。

　サブリース会社とは、別途オーナー負担なしで**図表22**のような7項目に関しての業務を全て委託しました。

　ちなみに、サブリースをアパートやマンションを建設した会社が行っているケースがあります。これは建設の受注とサブリースをセットで行っているビジネスモデルです。建設費やサブリース料の検証がされていないということです。施工会社にサブリースを委託することは本来ありえません。

図表22 サブリース会社への委託内容

①入居者募集	・インターネットによる募集 ・ホームページへの物件掲載 ・WEB営業部によるWEB募集 ・現地募集看板設置による募集 ・情報ネットワーク・業者間流通機構をフル活用した強力な募集活動展開
②入居者選定	・厳密な身元調査 ・信用調査機構による勤務先調査 ・連帯保証人への確認 ・各種証明書の確認 ・転居動機、家族構成等
③賃貸借契約	・契約書及び必要事項の作成確認 ・身分証明書又は住民票の提出 ・本人写真提出 ・契約締結並びに契約金の授受 ・領収証の発行等
④入居手続き	・入居時注意事項の説明 ・機器、設備の取扱説明 ・鍵の引渡し及び管理 ・ゴミ出しの場所、日時の指定
⑤入居者管理	・家賃の回収及び督促 ・クレーム処理、アドバイス ・入居者間の苦情処理、解決 ・近隣からの苦情処理、指導、管理 ・契約不履行者への退去勧告、裁判等 ・室内設備の故障、点検、修理手配等
⑥契約更新	・新賃料の交渉、更新通知の発送 ・契約の締結 ・本人身上の再確認 ・保証人身上の再確認
⑦退室手続き	・退室立会いによる室内点検 ・リフォームの査定 ・室内のリフォームの手配、施工 ・鍵の回収 ・公共料金の精算、敷金精算業務

第5章 立地診断フォーマットの作成法とテナント交渉の具体例

3 広い事業領域と顧客ゾーン

　そこで、自社でテナントを決定していく場合における居住用施設の入居者選定を行うケースについてまとめておきましょう。基本的には立地や環境、及びオーナーや社会という4要因をベースにしてある程度の居住者ゾーンを定めていきます。**「誰でもどうぞ」ではなく、「ターゲット内の誰でもどうぞ」を決める**ということです。企業でいうビジネスドメイン（事業領域）の範囲で顧客ゾーンを確定させていくというわけです。

　駅から10分圏内にある不動産活用企画をモデルケースとしてご紹介しましょう。
　オーナーは高齢の女性とその長女という女性親子で、かつ、マンション内に同居されるというケースです。いくつかの要因を分析した結果、「働く女性」をターゲットとした女性専用マンションを企画することになりました。
　そこで、「働く独身女性に最も快適な生活空間を提供する」というコンセプトを決め、徹底したアンケート調査を行いました。ある雑誌社と提携して読者モデルやその友人たち、さらには、デザイナーや美容師、建築士などのプロフェッショナルらに2回に分けて集まっていただいたのです。
　事前にいくつかのアンケートに答えてもらうとともに、2時間ほど「快適な住まいに関する思い」をベースにしたブレーンストーミング（以下、ブレスト）を行ってもらいました。**図表23**にアンケートの質問事項の一部を掲載していますので、参考にしてください。
　大項目はこの他に「物件の外観・デザイン・設備」「物件の管理状況」などがあり、小項目にはそれぞれに10の質問を行ってい

す。つまり、合計で50の質問に答えていただき、それらを分析した結果をベースにブレストを行ったというわけです。

　ターゲットを定めているため、そのターゲットゾーンに所属するお客様候補者から思いを聞き出して商品化したということになります。**マツダのデミオの商品戦略と同じパターン**と言っても過言ではありません。

　女性専用マンションを男性が考えているわけですから、これほど当てにならないことはありません。したがって、お客様候補者の意見や考え方をより詳細に聞き出して、それを形にするというのは当たり前のことと言えるでしょう。

図表23　アンケート調査内容の一部抜粋

大項目	小項目
1 住居の選び方	①引越した理由 ②今の部屋に決めた理由 ③今の部屋の欠点 ④物件案内時にチェックする点 ⑤必要最低限の広さ ⑥生活しやすい間取り ⑦家具選びや配置に対するこだわり ⑧部屋の向きに対するこだわり ⑨女性専用マンションに対する印象 ⑩部屋選びでの欠かせない条件
2 室内設備への要望	①使いやすいキッチンとは ②クローゼットに対する要望 ③バス・トイレに対する要望 ④照明に対する要望 ⑤天井の高さに対する要望
3 物件の所在地	①駅から物件までの距離の限界 ②駅まで自転車でも構わないか ③駅から遠い物件でも住みたい理由 ④立地の利便性・賃料に対する要望

4 具体的なアンケート質問の作り方

　たとえば、住居の選び方に「⑨女性専用マンションに対する印象」という質問があります。「安心感がある」という回答が50％に対して、「特に安心感があるとは思えない」が35％、「逆に怖い」という回答が15％でした。半数は何のメリットもなく、逆にリスクがあると答えていたのです。

　この企画案件は20年前（1999年）の計画でした。このアンケートの結果によって、「女性専用マンションというネーミングや案内は一切しない女性専用マンション」という方向性を決めたことを思い出します。

　さらに、この物件はオーナー（大家）が同じ物件に入居されます。そこで、「物件管理」の項目で「大家との関係やトラブル」についても質問しています。20人の参加者のうち10人が大家と同じ物件に入居されていましたが、「頻繁に干渉される」という1人を除いては「コミュニケーションが取れるので良い」と考えられていることがわかりました。

　このように、**ターゲット（入居者ゾーン）を定めてしまうと、ビルやマンションの企画が明確になり、同時に、ターゲットの顔が見えることで調査が簡単にできる**ことになります。そうすると、**企画者の考えていなかった「生きている情報」**が目の前に現れるため企画の実現可能性が高まっていくのです。

　女性専用マンションのケースは、小項目の整理を行い、それを大項目の中で分析していきます。当時のレポートの中から2、3の項目をピックアップしてみましょう。

生活しやすい間取り

「1DKが最も生活しやすいという意見が圧倒的。特に女性のケースは来客時に玄関から生活スペース（リビングルーム）を見られるのを嫌います。キッチンとリビングの境の対応は重要です。」

クローゼットに対する要望

「今回のブレストの最多意見が最低一間のスペースが必要だということでした。家具を配置せず収納スペースを充実させてほしいという点からも、ある程度の広さを確保するのは当然として、その他にもパイプの位置を考慮するなどの工夫が必要となってくるでしょう。」

設置してほしい設備

「ほぼ全員の意見として挙がったのが、宅配BOXの設置です。管理人が常駐していない場合には、働いている入居者にとっては宅配時間帯は不在がちになるため、この設備の設置は欠かせないでしょう。」

5 ブレストから見える企画の伝え方

　こうしたアンケートやブレストの結果をまとめた後に、さらにブレスト参加者の中から数人に、後日、再集してもらいました。今回の計画地の具体的な立地を示し、さらにこの立地ならどんな間取りや設備、あるいは、マンション全体の外観（デザインなど）や設備なら現実に住みたくなるかという情報を入手することとしたのです。

アンケートには載せていませんでしたが、ベランダの広さニーズとベランダ活用法についてブレストで質問したこともあって、入居者にベランダを緑で覆ってもらうことを考えました。そのため、水回りや格子なども工夫してもらい、植栽による目隠しや外観デザインなども取り入れることになったのです。
　「誰に」「何を」「どのように」というビジネスモデルを明確にするための市場調査を徹底することからマンション企画を立案したというわけです。こうした情報をわかりやすく企画書にまとめ直し、不動産オーナーと設計事務所に提出、設計図面やデザイン意匠などにも活かしてもらうこととなりました。
　ちなみに、この業務の依頼は設計事務所からの依頼であったことから、設計事務所だけは当初から決まっていた案件です。また、設計事務所はこの建築でデザイン関係の賞を受賞されています。

6 2社との仮契約

　今回のビル企画においては、上層階も不動産管理会社に一括貸しのスキームが決定したこともあり、A社（ビルオーナー会社）としては2社との仮契約を行うことになりました。要するに、1階〜4階は大手調剤薬局グループ、5階〜9階は不動産管理会社との仮契約です。
　ちなみに、容積率を考えると11階（11階は一部）までの建設は可能でしたが、ROA分析などの結果、9階建てのビルとなりました。まだ企画の段階で入居者と収益力の確定をしてしまったのです。

第 6 章
レバレッジ効果としての資金調達と金融機関との交渉の仕方

1 資金調達計画①
設備投資資金の考え方

1 資金ショートが起こる理由

　中小企業が設備投資を行う場合に考えておかなければならない資金調達の基本があります。それは、①過大な設備投資になっていないか、②借入依存度が高すぎないかという2点です。

　過大な設備投資かどうかは、その設備投資によってどのくらいのリターンが考えられるのか ── つまり、「投下資本利益率の検証」── がベースになってきます。

　一方の借入金の依存度は、「負債比率」などの検証がベースになってきます。ただ、いずれも現状における検証と数年後（たとえば、3年後や5年後など）における検証を行うことで投資のリターンを考えておかなければなりません。先行投資とは未来の利益を生むために行うものだからです。

　こうした検証をする理由は、事業における資金不足の状態を事前に解決しておく必要があるからです。企業は経営「意思」という頭脳を、「利益」と「資金」の両輪が支えており、同時に、「意思」が社会に浸透することで「利益」や「資金」を生み出してくるという循環関係にあります。

ただ、利益と資金にはタイムラグがあり、**図表24**のように、通常の事業では利益の発生が先行し、資金の回収は後になってきます。ところが、資金は人間の血液に例えられるように、資金が足らなくなると継続が不可能になってしまうのです。

図表24 日常の企業活動による資金の動き

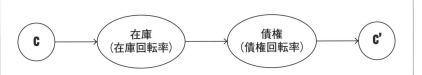

　資金（C：Cash）は、まず、商品や材料などの仕入れによって減少し、その後、販売などによって債権に変わり、その債権の回収によって戻ってきます。
　在庫の段階では、Cが在庫に変わるだけですが、債権の段階では売上（利益）が発生し、債権の回収によってC'が生じるということです。

　利益が発生していても資金が不足するケースは２つあります。
　１つは、資金バランスの悪化で在庫と売掛債権によるものです。もう１つは、冒頭で説明した過大な設備投資とそれに伴う高い借入金依存度といえます。前者は、増加運転資金対策の事前準備が必要となり、後者は償却前利益と借入返済額の事前検証（要するに、上手な借入金の調達方法）ということになります。
　ビルやマンションを建設する場合には、金融機関などから長期の借入金による資金調達を行うケースが多くあります。そうすると、前述した方法論に対するシミュレーションを欠かすことはできません。資金に余裕を持たせる経営（不動産賃貸事業）を行うためには、最も基本的な数値分析といえます。
　参考までに、次ページの**図表25**に企業が資金不足に陥る原因と改善方法に関する一覧表をまとめておきましたので参照ください。

図表25 資金不足の原因と改善の仕方

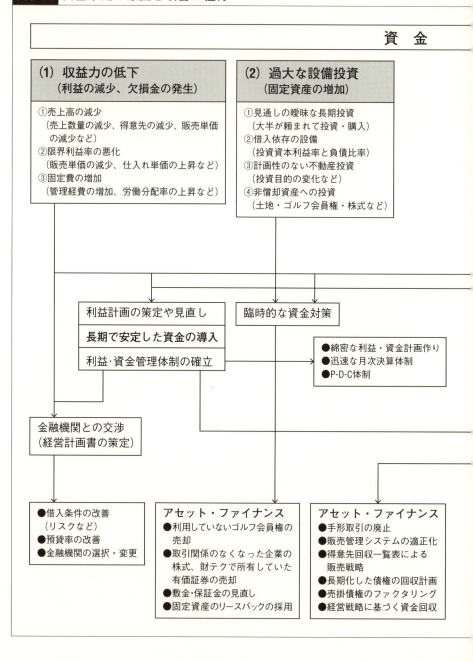

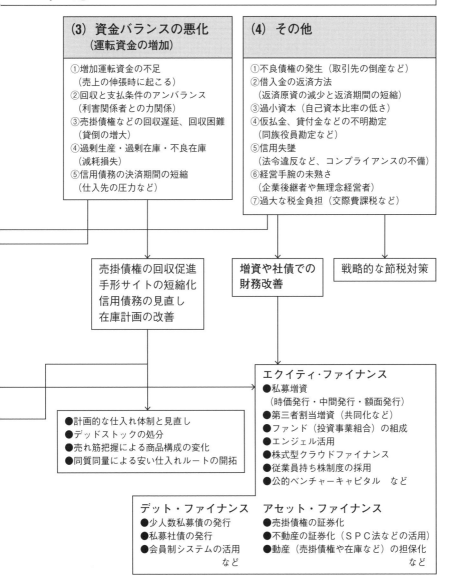

2 減価償却費と借入金返済額のミスマッチ

　土地を活用して賃貸事業を行っていく場合に最初にすべきことは、収益力の上限をつかんでおくことに他なりません。収益力をつかむことは同時に、総投資額の上限を決定することができるのです。

　このビル企画では、A社は土地も購入しています。従来の土地はA社と代表取締役が同じである関連会社B社が所有していました。そのためB社がそのまま既存建物を取り壊して新たにビルを建設する方法もありました。ただ、将来の事業の方向性や承継などの相続戦略なども考慮していくつかのシミュレーションを行い、その結果、A社がB社から土地を更地で購入して建設することになったのです。

　A社は土地という非償却資産を設備投資に加えてビル計画を行うことになりました。**不動産投資戦略において考えておかなくてはならない基盤は、投下資本利益率と負債比率**です。ただ同時に、実践的な意味で注目しておかなければならないのは図表26に示す算式の検証です。

図表26 損益分岐点売上高の資金チェック算式

毎年の定額法による減価償却費 ≧ 毎年の借入金返済額

注）減価償却費は経費（損金）処理（利益減少）させますが、資金の流出（キャッシュアウト）はありません。
　一方、借入金の返済は資金の流出を伴いますが、経費（損金）にはなりません。
　したがって、上記のバランスをしっかり把握しておくことが、資金ショートを防ぐ第一歩だということです。

簡単に言えば、**図表26の注）**にあるように、減価償却費は利益を減少（つまり、税負担の減少にもつながります）させますが、資金の流出にはつながりません。資金の支出がない経費だということです。一方の借入金の返済額は、資金は減少しますが経費にはなりません。

　要するに、減価償却費と借入金の返済額は財務戦略上、互いに正反対の立場であるというわけです。利益と資金のバランスを考慮するということは、**減価償却費と借入金の返済額は常に見合った関係性として捉えておかなければならない**ということになります。

　Ａ社がビル投資（建物投資）だけでなく、非償却資産である土地も購入したということは、このバランスをより重視しなくてはならなくなります。簡単に言うと、減価償却費が発生しない土地を借入金で購入すると、土地に対する返済資金は利益からしか返済できなくなってしまうことになるからです。設備資金を調達する場合の資金計画に関する考え方の第一歩と言っても過言ではないでしょう。

3 グロス利廻り率から見る投下資本

　Ａビルの不動産投資分析としての投資利廻り率は次ページの**図表27**のように計算します。Ａビルは土地込みの投下資本に対するリターンはグロス利廻り率（単純利廻り率とか表面利廻り率とも呼ばれています）は最低年７％、**ネット利廻りは最低年5.4％を基準に設定していました。ネット利廻りとは、「純利廻り」とか「キャップ（CAP）レート」とも呼ばれますが、不動産投資を行う場合の基準**でもあります。

図表27　不動産投資利廻り率の計算

ア）グロス利廻り率（％）
　　＝ 年間売上（収入）総額 ÷ 総投資額 × 100

注）この事業の最大の収益力（収益力の限界）をベースとして投資に対するリターン力を示しています。

イ）ネット利廻り率（％）
　　＝（年間売上（収入）総額 － 年間の支出固定費）
　　　÷ 総投資額（投下資本） × 100

注）利廻り率の計算では、年間固定費には減価償却費と金利は含みません。不動産の本来の収益力を把握する基本的な数値といってもよいでしょう。

注）ア）、イ）とも総投資額には消費税は含まず、イ）の固定費も消費税を含みません。また、ア）、イ）の総投資額には企画・設計料やビル建設中の固定費や金利も含んで計算します。

　土地を活用して賃貸事業を始める場合には、どんな規模の建築が可能かといった「器」を中心として始めてしまいがちになります。ビジネスの社会では、本来は「どんな人や企業や店舗をターゲットとするか」という顧客から考えていくのが通常です。したがって、**本来は顧客を想定して収益力の概算を見込み、グロス利廻り率やネット利廻り率を想定して、投下資本（つまり、建設コストなど）を決定していくという手順**になるはずなのです。

　そうすると、**図表27 ア）**の算式は次のようにならなくてはなりません。

年間計画総売上（収入）高 ÷ 期待グロス利廻り率
＝ 投資できる計画総資本額

　Ａビルについては、グロス利廻り率は最低７％、ネット利廻り率

は最低5.4％として企画を始めています。新しく不動産賃貸事業として事業化するためには最低の期待値であり、かつ、一定のコスト予算に含みを持たせるために必要な利廻り率として計画しました。

そうすると図表28のように、Aビルの総投資額は7億円強という数値が上限になります。さらに、土地代金が2億円だったことを考えると、建設工事や設計料などへの総投資額は合計で5億円が上限になるわけです。そこで、A社は2億円の土地と5億円の建設関連コストの合計7億円の資金調達をどのように行うかについてのシミュレーションを行うこととなったのです。

図表28 A社のグロスリターン確保のための総投資額予算

年間家賃収入	5,000万円 ÷ 7％ ≒ 約7億円
土地購入代	2億円（購入諸経費を含む）
建設コスト一式	7億円 － 2億円 ＝ 5億円

4 5W1Hを明確にする

Aビルの資金調達は次のように考えることになりました。

第1期：土地購入資金の調達
第2期：建設会社等に対する請負工事金（契約時）（初回分）
第3期：建設会社等に対する請負工事金（中間時）
第4期：建設会社等に対する請負工事金（完成時）

第1期の土地購入における支払先はB社になります。B社もこの土地を担保として金融機関から資金を調達していましたので、土地をA社に売却することで金融機関に借金を返済し、担保を外してもらう必要があります。そこでまず、全体の資金計画を立案していくこととなりました。

　金融機関などから資金を調達する場合に重要な点は、「なぜ」「どこから」「何のために」「いつ」「どのくらい」「どうして」という5W1Hをまず整理しておく必要があります。さらに、A社側で設定している利益計画（損益計算書）と資金計画（資金繰り表）、及び財産計画（貸借対照表）のシミュレーションデータも提示します。「何のためにこの事業を行うのか」「どのようにして収益力を確保するのか」「そのために必要な資金はどんな条件が理想なのか」といった概況資料（企画書）とともに年次のシミュレーションデータを提出して金融機関側に交渉材料を提示するのです（これらはほとんどオーナー要因の調査時点でつかむことができますので、オーナー要因の分析資料を転用することも可能です）。

　日本の中小企業は金融機関から資金を調達するのを「依存」や「お願い」として捉えているケースをよく見受けます。**その最大の理由は自社の未来を語れないからです**。未来を語るためには、ビジョンに基づく長期計画が必要で、かつ、そうした中、長期計画のための短期計画（単年度計画）が重要になってくるのです。目先の資金を目当てにしているため、「依存」や「お願い」になってしまうということなのでしょう。

5 DR戦略とは何か

　本来の資金調達とは投資家や債権者になる企業や個人との「交渉」がベースです。そのためには、何のためにどんな事業を展開していきたいのかを自信を持って語っていく必要があります。ビルへの投資も同様で、前述した項目を整理し、さらに、シミュレーションデータ（今回のケースは20年の調達を考えていたので20年計画）を添付して資金調達の交渉を行うこととなります。

　A社のケースでは、既存の取引金融機関2行と新たに当社から紹介した金融機関1行の3行に対して資料を提示して説明し、各行からの回答を待つこととしました。

　PR（Public Relations: 社会に対する広告宣伝）やIR（Investor Relations: 投資家に対する情報開示）は比較的知られています。ところが、DRは意外と知られていないようです。DRのDとはDebt、要するに、債務とか負債のことです。IRが投資家に対するアナウンスなのに対して、DR（Debt Relations）とは債権者に対するアナウンスのことなのです。

　ここでいうアナウンスとは、商品やサービス、あるいは自社の「見せる化」を行うということと考えればよいでしょう。つまり、**DR戦略とは債務（つまり返済しなければならない資金）による戦略的な資金調達法のことで、債権者に対する自社アピールというわけです。**

　ベンチャー系の企業が証券会社やベンチャーキャピタルなどを活用してIRを行っているのはよく知られているとおりです。直接金融による資金調達を考えている中小企業が、IR会議で自社のプレゼンテーション（以下、プレゼン）を行います。IR会議には証券会社やベンチャーキャピタルなどが参加者（つまり、投資家候補者）

を集め、投資家はプレゼン企業の内容を吟味し、その後、関心のある中小企業とより詳細な打ち合わせなどを行う場を設定しているのです。

DRとはその債務調達版です。したがって、金融機関ではなくてもよいのですが、ビル建設投資などの資金調達は比較的大型案件になるため、どうしても対象は金融機関になってしまいます。金融機関だけに集まってもらうバンクミーティングなどもこの一手法といえるでしょう。

ただ、筆者が扱うほとんどのケースでは各金融機関へ資料を提供して説明し、1～2週間以内に提案書を提出してもらうというスタイルを採用しています。もちろん、特定の金融機関（たとえば、既存のメインバンクなど）と交渉した方が良い場合もありますが、いずれにしてもオーナー（あるいはオーナー企業）の考え方や方向性とコミットできる金融機関かどうかが重要なのです。

A社のケースでは、都市銀行、地方銀行、信用金庫の3つの金融機関に資料を提示して交渉することとしました。2つの金融機関は従来からA社と取引を行っていましたが、もう1つの金融機関は新規です。当社が関わった最新の業務の中で対応に感心した点があったこと、かつ、A社の近隣地区に支店があったために加わってもらったのです。

交渉場所はダンコンサルティングの応接室です。過去の例では支店長、融資課長、担当者という3人体制で参加いただくケースが多く、A社のケースもほぼ同じ組み合わせで打ち合わせを行いました。金融機関側がこうしたやり方に慣れていないケースもありますので、こちらから金融機関に出向いて交渉することもあります。

❻ あるケーススタディ

　A社のビル企画とちょうど同時期に、地方の中小企業が10億円ほどの投資で工場建設を行うことになり、その資金を金融機関から借り入れるためにDR戦略で調達することになりました。このケースでは、地方銀行、信用金庫、農協など５つの金融機関が参加され、３行は企業の本社で行い、２つは金融機関に出向いています。

　金融機関からは借入期間や金利、担保条件、連帯保証人の状況、さらには、金融以外でサポートできる具体的な事例など、様々な角度から逆プレゼンを受けることとなりました。

　もちろん、１つの金融機関に絞るという必要もなく、複数の金融機関から資金を調達することになるケースもあります。ただ、この工場建設資金は１つの金融機関から全額を調達することになりました。

　その理由は様々あります。ただ、基本は顧客（つまり、工場を建設する会社）に対する姿勢が他の金融機関より秀でていたことが大きかったと思われます。おそらく、他行と同じような条件であってもこの金融機関から資金を調達することになったでしょう。本店から取締役が同席されるだけではなく、様々な提案を行っていただきました（ちなみに、他の金融機関でも幹部クラスに訪問いただいています）。

　最終的な融資は、25年元金均等返済方式、当初６ヶ月は返済なし、金利率は25年間の固定金利で年0.5％、担保は工場建物（ちなみに土地は定期借地権として借りています）のみ、連帯保証人は代表取締役１人だけで決定しました。当初想定していた金利が年0.75％でしたので年間250万円ほどの余裕ができたため、工場人件費の予算を増加させています。

また、今回の工場融資の実行によって下記のように社内の経営システムの改善にもつながってきました。

> ① 既存の事業上の借入金（旧工場の設備資金や倉庫・工場の設備資金など）との一本化を図り、借り換え分も25年融資、金利を一律年0.5％に書き換えることができたため、金利コストの削減と毎月の返済額を減少させる効果が生まれた。
> ② 投資時期が異なっていたため、バラバラで借りていた返済時期が一本化できたことで経理・会計処理がスムーズになり、事務の合理化・簡素化につながった。
> ③ 金融条件の見直しや合理化によって生まれた余剰資金で、別途、工場の合理化ソフトを導入することができた。

　このように、資金調達とはまさに経営戦略の重要な一要素であることがわかります。特に、ビルやマンション、あるいは工場や店舗といった大型の長期投資に関する資金調達は、未来戦略まで考慮して対応することで経営合理化や改善にも直結することになるのです。

2
資金調達計画②
レバレッジ効果と返済余裕率

1 事業収支計画のベース

　事業収支計画は、全体の事業コストの把握とそのコストの調達方法、及び収入計画と固定費計画から導き出されてきます。ここでいう事業コストの把握とその調達方法がバランスシート（貸借対照表＝財産計画）に該当し、収入と支出計画が損益計算書（利益計画）になるわけです。そのために、賃貸スペースの稼働率や定期的な賃料改定の把握、あるいは、資金調達を借入金に頼る場合の返済方法や金利率といった各項目の前提条件を設定してシミュレーションを行っていくことになります。

　今回の不動産活用は、A社の強い要望もあり、できるだけ事業を委託したいという方向で企画が動き出しました。そのため、最大のポイントであった賃料設定や稼働率の変動を「見える化」することを最優先したのです。

　1階から4階までは大手調剤薬局への15年の定期借家契約、5階から9階までは都心での住居系賃貸会社としての実績が豊富な不動産管理会社と15年間の定額サブリース契約を締結した最大の理由といってもよいでしょう。

そこで資金調達です。現実にはテナント交渉と並行して金融機関との交渉も行ってきました。Aビルの年間賃料収入は約5,000万円、土地の購入代金2億円とビル建設コスト5億円と想定しているため、総投資額は7億円になります。

企画当初からグロス利廻り率は7％以上をクリアしており、**図表29**のようにネット利廻り率も5.4％をクリアしています。この場合の総投資額には建設期間中の固定費は含めますが、消費税は除外します。

一方、年間固定費には減価償却費や金利などは含めず、さらに消費税も含めずに計算することになります。

図表29 Aビルのグロス利廻り率とネット利廻り率の計画

①グロス利廻り率（％）
＝ 年間総賃料収入 ÷ 総投資額 × 100

したがって、Aビルのケースでは次のように計画していますので、計画の年7％を上回っています。

5,000万円 ÷ 7億円 × 100 ＝ 7.14％

②ネット利廻り率（％）
＝（年間総賃料収入 － 年間固定費）÷ 総投資額 × 100

したがって、Aビルのケースでは年5.57％と計画の5.4％を上回っています。

（5,000万円 － 1,100万円）÷ 7億円 × 100 ＝ 5.57％

2 シミュレーションとは実験室

　シミュレーションとは模擬実験のことです。自然科学の分野では必ず実験室で何度も実験が行われるのが通常です。この実験によって成功した事例だけが社会に発表され、新しい道を切り開いていくことになります。

　ところが、社会科学は実験そのものを現実の社会で行っています。経営などというのはその最たるものと言えるでしょう。

　不動産の有効活用を企画する場合もこうしたシミュレーションこそが重要で、何度も前提条件を変更して理想像を作り上げていかなくてはなりません。シミュレーションを行なうための前提条件をしっかり構築するとともに、何度も何度も頻繁に繰り返すことでリスクを減少させていくというわけです。

　なかでも資金計画は企画の生命線を握っています。資金は人間の血液と同じと言われるように、資金がショートした途端に全てがストップしてしまいます。

　そのためにも、収益力から検証してどのようにして資金を調達していくのかについていくつもの前提条件をあげ、利益計画やキャッシュフローのシミュレーションを行っていかなければなりません。

　Ａ社が予定総投資額7億円のうち、金融機関からの借り入れによる資金調達を5億円、自己資金からの支出を2億円としたのも数々のシミュレーションによる結果でした。当初は全額を金融機関からの借入金による調達で設定していたからです。

　返済期間や金利率などの条件を変化させながらシミュレーションし、結果的には、全体の70％を銀行融資、30％を自己資金とすることとなったのです。

　これにはいくつかのＡ社サイドの要望がありました。今後の事

業展開において新しい一本柱を確立させるために、Aビル単体事業の早期無借金化を考えていたからです。

単純に計算するとネット利廻り率が5.57％ということは、法人税等を無視すると**図表30**のように約18年で返済が可能になります（**ケース1**）。ところが、A社としては借入返済の内入れなども考慮しても11年から13年程度で当初の借入債務を消滅させたい意向でした。次の投資計画を考えていたからです（**ケース2**）。

そこで、2億円の資金を生み出すために、自社で所有していた上場株式の一部を売却して資金を調達することとしたのです。資産を処分して資金を生み出した（アセットファイナンス）わけです。

図表30 ネット利廻り率からみる返済期限の計算

ケース1	7億円 ÷（7億円 × 5.57％）＝ 17.9年
ケース2	13年 ×（7億円 × 5.57％）＝ 5億円強
	7億円 － 5億円 ＝ 2億円（自己資金）

3 ROAとROEからの検証

同時に行ったのがROAとROEの検証です。

ROAとは、Return on Assetの略で、総資産利益率とほぼ同じです。一方のROEとは、Return on Equityの略で純資産利益率のことです。**図表31**にそれぞれの算式を簡単にまとめておきましたので、参照してください。

企業会計上では、ROAは中小企業経営の指針と考えられており、経営者の通信簿とも呼ばれています。一方ROEは、上場企業における経営者の実績であり、株主を中心に捉えた財務数値といえます。

図表31 ROAとROEの計算方法

【ROAの計算式】

$$\text{総資産利益率} = \frac{\text{利益}}{\text{総資産}} = \text{ROA}$$

ROAを分解すると次のようになります。

$$\frac{\text{利益}}{\text{総資産}} = \underset{\text{(利益率)}}{\frac{\text{利益}}{\text{売上}}} \times \underset{\text{(回転率)}}{\frac{\text{売上}}{\text{総資産}}}$$

【ROEの計算式】

$$\text{純資産利益率} = \frac{\text{利益}}{\text{純資産（自己資本）}} = \text{ROE}$$

ROEを分解すると次のようになります。

$$\frac{\text{利益}}{\text{純資産}} = \underset{\text{(利益率)}}{\frac{\text{利益}}{\text{売上}}} \times \underset{\text{(回転率)}}{\frac{\text{売上}}{\text{総資産}}} \times \underset{\text{(財務レバレッジ)}}{\frac{\text{総資産（負債 ＋ 純資産）}}{\text{純資産}}}$$

注）ただし、現実の企業経営では、ROAの利益は経常利益（つまり、経常利益率）を使い、ROEの利益は税引後純利益をベースとします。これは、それぞれの比率の意図が違うからです。

算式を熟視すると、ROEは（ROA × 財務レバレッジ）で示されていることがわかります。要するに、ROAを高めた上に、さらに債務を活用してリターンをより高くするという視点から見た分析値だというわけです。

レバレッジ（leverage）とは、テコの作用とかテコの力という意味で、辞書には「支点に乗せ、小さい力を大きな力に変えるための

棒」と掲載されています。

　レバレッジを極めて簡単にまとめてみると、他人資本（つまり、借入金）を導入することにより自己資本だけのケースより投資に対する利廻り率（ROE）を上昇させたり、投資額を大きくすることができるということです。

図表32　ROAとROEの具体的事例

1,000万円の手元資金があるAさんがいます。10％のリターンが約束されている投資案件がありました。そこで、この1,000万円をその案件に投資します。

1,000万円 × 10％ ＝ 100万円

つまり、100万円のリターンが得られたためROAは10％だということになります。

ところが、10％の投資案件はあと1,000万円分あります。ただ、Aさんには手元資金がありません。4％のコスト（金利）を払えば1,000万円の調達が可能なことがわかりました。そこでAさんは資金を調達して1,000万円の追加投資を行ないました。この場合のリターンとROAは次のようになります。

リターン(1,000万円 × 10％) ＋ {1,000万円 × (10％ － 4％)} ＝ 160万円

ROAの計算　160万円 ÷（1,000万円 ＋ 1,000万円）＝ 8％

自分の所有している資金の範囲で投資していた場合のROAは10％でしたが、借入金で追加投資を行なうとROAは8％に減少したというわけです。それでは、ROEを見てみましょう。自己資本の中で投資している場合はROAと同様にROEも10％です。

ROEの計算　100万円 ÷ 1,000万円（投資額）＝ 10%

ところが、借入金により追加投資を行なうと一気に16%までアップしました。

ROEの計算　160万円 ÷ 1,000万円（投資額）＝ 16%

これらを一覧表にすると次のようになります。

	ROA	ROE
自己資本のみの投資のケース	10% （100万円 ÷ 1,000万円）	10% （100万円 ÷ 1,000万円）
これは総資産と純資産が同じため、リターン率も同じになります。		
借入金による追加投資のケース	8% （160万円 ÷ 2,000万円）	16% （160万円 ÷ 1,000万円）
借入金によって総資産は増加しますが、純資産（自己資本）は増えないからです。		

　図表32に掲げた具体的事例で見ると、借入金の導入によってROEは8％から16％に倍増しました。事例では自己資金が不足するという前提ですが、逆に2,000万円の自己資本があった場合に全額自己資金で投資するか、1,000万円を借入金で調達するかというケースでも、同様の比率になります。この場合は、借入金の導入で余った1,000万円を他に投資してリスク分散などを行うことも可能になってきます（ここでは単純計算のためDCF法などは考えていません）。

　A社は2億円の自己資本を投資するとともに、金融機関から5億円の資金調達を行うことになりました。投資の全額（7億円）を自己資本で投資したとすると、ROEは前述の7％ですが、5億円を借入れにより調達したことでROEは次ページのように19.5％になっていることがわかります。

第6章　レバレッジ効果としての資金調達と金融機関との交渉の仕方

$$（7億円 \times 5.57\%）\div 2億円 = 19.5\%$$

ただし、レバレッジ効果が生じるのは計算式でもわかるように、投資の利廻り率（期待ネット利廻り率）よりも調達する借入金のコスト（金利）が低いためです。つまり、やみくもにレバレッジ効果を高めると投資物件の利廻り率の減少や金利の上昇、さらには、投資物件の価格下落による債務バランスの悪化などが生じる可能性があります。

こうした現象は日本社会では過去に何度も経験していることです。そのためにも ROA によるダブル検証が必要になるのです。

4 返済余裕率からも検討

A 社は都市銀行、地方銀行、信用金庫の３行にシミュレーション資料などを提供して DR を行うことになりました。その際に提出した資料の中に、「返済余裕率」を示す DSCR（Debt Service Coverage Ratio）という数値があります。

返済余裕率とは、A ビルが生み出す賃貸事業のキャッシュフローと金融機関から調達した借入金の返済額のバランスを示すものです。まさに債務による調達を行った場合の A ビル事業の健全性を判断する指標といえます。

図表33の算式でもわかるように、返済余裕率を簡単にまとめると「一定期間内で生み出した余剰資金」が「一定期間内に返済すべき資金」をどのくらい上回っているかということです。つまり A ビル事業単体だけでの返済余裕率を示しているため、投資におけるキャッシュフローの安全性を検証しているのです。

図表33 返済余裕率(DSCR)の算式

賃貸事業におけるキャッシュフロー ÷ 返済額 = DSCR

注)1　賃貸事業におけるキャッシュフローとは、賃貸収入から固定費(借入金の金利は除く)の支出を控除した一定の期間に生み出した資金のことです。ここでは現実に資金の支出の伴う固定費ですので、減価償却費などは考慮しません。

注)2　返済額とは、金融機関に対する一定の期間の返済額のことです。元利均等返済の場合は元利均等額とする方がよいでしょう。
ただし、元金均等返済方式の場合は返済額で計算し、適正返済余裕率のランクを少し上昇させておきます。

　返済余裕率はネット収益（つまり、賃貸収入から支出する固定費を差し引いた余剰金）**と返済額のバランスを示しますので、金融機関との交渉には欠かせません**。なぜならば、借り入れた資金の返済方法や金利交渉などの全てに影響を与えるからです。もちろん、Aビルの資金調達の中でどのくらいまで借入金による資金調達が可能なのかについても検証できる指標ともいえます。

　A社は、今回の投資に対する債務は11年〜13年で完済したい意向があります。そのため、返済余裕率は130％以上を意識して設計していくように考えました（通常は税負担なども考慮して120％以上）。

　その理由は、安全性を考慮して返済期間は長めに設定しますが、中途返済や部分返済なども予定した調達方法を考えているためです。

　中途返済などを行うと、金融機関からはペナルティとして残債務に対して一定の損害賠償金などを求められることがあります。

　金融機関と金銭消費貸借を締結する場合は、通常、金融機関側が作成する金銭消費貸借契約書にサインをします。こうした契約書には、中途解約に関するペナルティは小さな字でさりげなく書かれています。もちろん、交渉の際にもさりげなく話されているはずです。

ところが、借り入れをする企業は資金が調達できたことに満足しているのであまり耳には入っていません。そのため、本来はこうした金銭消費貸借契約書に関しては、弁護士や司法書士など法律専門家に事前にしっかりチェックしてもらっておくべきなのです。

5 Aビルの計画立案レポートからの抜粋

　Aビルに関して、A社や金融機関に提出したレポートから、「返済余裕率の検討」という項目をピックアップしてまとめておきましょう。次のように記載しています。

　不動産事業としてのレバレッジ効果として、借入金による資金調達を行う場合に必要な基準値である返済余裕率は次のようになっています。純キャッシュフロー（余剰金）と債務返済額、及び金利の合計額のバランスで適正基準値はだいたい1.2〜1.5であり、資金余力指数は70%〜85%と考えています。

　今回のシミュレーション計画では15年、20年、25年の元金均等をベースにすると次のようになっています（表は25年返済の返済余裕率）。

Aビルの返済余裕率（25年返済のケース）

年度	返済余裕率	返済余力指数	適用
初年度	1.584	63.1%	初年度計画数値
6年度	1.549	64.5%	売上一定、コスト・金利アップ
11年度	1.492	67.0%	売上一定、コスト・金利アップ
16年度	1.496	66.8%	売上一定、コスト・金利アップ
16年間平均	1.530	65.3%	

注）返済余力指数を簡単に言うと、現在の賃料収入が65.3%以下になると借入金の返済が出来なくなるということです。つまり、経営安全率が34.7%というわけです。

❻ 金融機関との交渉結果

　金融機関に提出した財務シミュレーション数値（利益計画・資金計画・財産計画）は借入期間ごとに3種類（15年、20年、25年）であり、**前掲の表**の返済余裕率は25年元金均等返済のケースです。25年計画では、14年目に当座資金が借入金残高を上回っているため、一括返済が可能なことがわかりました。

　Aビルは初年度から経常利益を生み出しているため、法人税等が課税されるシミュレーションとなっています。もちろん、Aビル事業はA社の一部のため、法人税等は会社全体の中で考慮すればよいはずです。ただ、Aビル単体の事業として事業計画を立てているため、初年度から税負担も考慮してキャッシュフローシミュレーションを行いました。

　したがって、16年間で負担した6,000万円近い税負担を差し引くと、13年で完済できることがわかります。こうしたことなどをまとめたレポートと25年分のシミュレーションデータ（利益・資金・財産）を提出して、金融機関に融資条件の提案を求めたというわけです。

　その結果、信用金庫は早々と離脱し、都市銀行と地方銀行が検討に入りました。最終的には、建設期間中の借入資金（土地の購入代金と建設期間中の建設会社への分割払い、その他の建設期間中のコスト等）については、「テナント入居月の翌々月から返済開始、返済方法は25年の元金均等返済、金利率は当初5年間0.35％、6年目以降10年目まで0.5％、11年目以降は変動金利、途中返済に関するコスト負担なし」という提案をしてきた地方銀行から資金調達を受けることになったのです。当初の10年間の金利を重視した結果といえます。

第7章
建設会社や管理会社の選定方法

1 建設会社の選定方法

1 現状における立地と事業方向の確認

今回の計画立地を改めて確認しておきましょう。まず土地情報ですが、用途地域は商業地域です。

商業地域のため、**図表34**のように極めて危険性の高い工場や倉庫以外に建てられない用途はありません。住居・店舗・オフィスから病院・学校・遊戯・風俗施設まで、何でも大丈夫だということです。

図表34 商業地域内に建築してはならない建物

> 一　次の各号に掲げる事業を営む工場
> 　（一）火薬類取締法（昭和25年法律第149号）の火薬類（玩具煙火を除く。）の製造
> 　　　　　　　　　　　　　（略）
> 二　危険物の貯蔵又は処理に供するもので政令に定めるもの
> 三　原動機を使用する工場で作業場の床面積の合計が150㎡を超えるもの（日刊新聞の印刷所及び作業場の床面積の合計が300㎡を越えない自動車修理工場を除く。）
> 四　次の各号に掲げる事業を営む工場
> 　（一）玩具煙火の製造など
> 　　　　　　　　　　　　　（略）

土地面積は60坪で、建ぺい率は80％、容積率は500％です。防火地域で第三種高度地区でもあります。**図表35**に計画土地の概要を示しておきました。

図表35 土地計画情報

所有土地	東京都●●区●●町
土地面積	198.00㎡（60坪）
用途地域	商業地域 （住居・商業・オフィス・学校・医院などOK）
建ぺい率・容積率	80% / 500%
地域・地区	防火地域 / 第三種高度地区
立地状況	●●街道接面（下り車線）
周辺状況	●●線●●駅
路線価	90万円/㎡（坪297万円）更地価額
固定資産税評価額	54万円/㎡（坪178万円）更地価額
購入価額	100万円/㎡（坪333万円）更地価額

　不動産所有者の思いをしっかり理解したうえで、この土地をどのように活用すればよいのでしょうか。ここまでは、所有者であるA社の事業姿勢や今後の方針を含む経営課題の確認から始まり、社会の流れや土地の性質などについて調査、検討、打ち合わせなどの内容をまとめてきました。

　どういう活用プランにするか、テナントの導入方針や事業としての進め方、さらには、必要な資金の調達方法など、ビル計画に至るまでの様々な構想・企画・提案・検討や具体的な交渉を繰り返してきたというわけです。

　そこでこの章では、不動産活用事業で重要なポイントになる建設工事会社やその後の建物管理会社（ハードウェア管理）の選定方法

について具体的にまとめていきましょう。

2 設計事務所とのタイアップの重要性

　本来は、ある程度建物企画に目途が立つと建築設計事務所の選定から始めます。ただ、設計事務所から企画の依頼を受けるケースも多いため、当然、こうした場合には設計事務所が事前に決まっています。

　このケースでは、A社全体の事業プランの中で生じた企画であったことから、事前にある程度相談していたO建築設計室に設計を依頼することとなりました。その大きな理由は、医療モールなどの経験があったからです。

　そこで、全体の大枠をどう決定していくかについて、様々なシミュレーションを前提にした打ち合わせを行うこととなりました。なかでもシミュレーションの最大のテーマはフロア階数でした。そこで、いく通りかの設計プランを提示してもらい、最終的には一定の収益力を確保することを考慮してSRC造9階建てが最も投資効率が高いということになったのです。

　企画の段階で、1～4階を医療モール、5階以上を単身者、又は少数ファミリーの住居系と定めていました。そのため、上層階についても間取りに関する様々なプランを挙げて検討することとなりました。

　企画の当初では、地下鉄改札口とドッキングさせて地下も考慮した設計計画も立てていました。ただ、地下鉄会社の協力が全く得られないことが早期にわかったこともあり、早々とその計画を排除したという経緯もあります。

　ラフプランによる建築設計図を少しずつ詰めていきながら、ほぼ

計画図面が挙がり、そこで、請け負っていただく建設会社の選定に入っていきます。

3 4社による競合

こうした場合に、大まかには建設を予定している建物の規模を考慮しながら、建設会社に打診します。**大手系と中堅、あるいは、立地エリアに強い地元の会社や企画建物系に精通している建設会社**などが候補に挙がってきます。

今回も最終的には4社に相見積りをお願いすることとなりました。4社は都知事許可の免許を持つ3社と大臣許可のある1社です。また、それぞれ各社は設計事務所からの推薦会社2社、オーナーであるA社からの推薦会社1社、金融機関からの推薦会社1社でした。

そこで、設計事務所より4社に対して図面概要を提示するとともに、会社概要記入用紙や工事の見積書の形式資料を送り、期限内に返送してもらうこととなりました。

会社概要記入用紙には、設立年月、従業員数、技術員数、許可番号、取得ISOの認証番号の他に、直近3年の財務資料（資本金・年商・経常利益）や経営事項審査の総合評定値（点）と経営状態（点）などを一枚の用紙に記入してもらいます。

返信された財務資料は建設事務所でさらに4社の一覧表にしてもらい、比較データを作成します。参考までに次ページの**図表36**に社名や数値などはカットした形式を掲載しておきましょう。

その後、4社から見積書が届きます。共通仮設費や建築工事などの直接工事費と共通経費（一般管理費や現場経費など）に分けてそれぞれ具体的な数値を掲載していただいていますので、各社はかな

りじっくりと検討されたことがよくわかります。これらも設計事務所で4社の一覧表（**図表37**）にまとめてもらい、検討しやすくしていただきました。

図表36 会社概要比較表

		甲社	乙社	丙社	丁社
会社概要	設立	名	名	名	名
	従業員	名	名	名	名
	技術員	名	名	名	名
本・支店・営業所の所在地	本社	東京都●●市	東京都●●区	東京都●●区	東京都●●区
	支店	—	神奈川県	なし	—
	営業所	—	—	—	—
特定建設業許可		東京都知事許可(特-●)第●●号	国土交通大臣許可(特-●)第●●号	東京都知事許可(特-●)第●●号	東京都知事許可(特-●)第●●号
資本金		万円	万円	万円	万円
直近3年間の年商	H27	万円	万円	万円	万円
	H26	万円	万円	万円	万円
	H25	万円	万円	万円	万円
直近3年間の経常利益（当期純利益）	H27	万円	万円	万円	万円
	（当期純利益）	万円	万円	万円	万円
	H26	万円	万円	万円	万円
	（当期純利益）	万円	万円	万円	万円
	H25	万円	万円	万円	万円
	（当期純利益）	万円	万円	万円	万円
取得しているISO					
経営事項審査(総合評定値)		点	点	点	点
経営事項審査(経営状況の評点Y)		点	点	点	点
担当者					

図表37 ビル新築工事 見積もり比較表（SRC構造）

	名称	仕様	数量	単位	甲社	乙社	丙社	丁社
A	直接工事費							
(1)	共通仮設費		1.0	式				
(2)	建築工事		1.0	式				
(3)	電気設備工事		1.0	式				
(4)	給排水・給湯設備工事		1.0	式				
(5)	空調設備工事		1.0	式				
(6)	エレベーター工事		1.0	式				
(7)	外構工事		1.0	式				
(8)	既存杭引抜		1.0	式				
B	共通経費（一般管理費・現場経費）		1.0	式	42,117,000	61,800,000	52,503,000	37,760,000
	値引き					▲701,055		▲34,234,137
	工事費　計	税抜			450,000,000	451,000,000	489,700,000	480,000,000
	消費税	8%			36,000,000	36,080,000	39,176,000	38,400,000
	工事費合計	税込			¥486,000,000	¥487,080,000	¥528,876,000	¥518,400,000

注）上記の表にはBの共通経費のみ掲載しています

4 業績や数値以外のチェックポイント

　このように一覧表にして検討すると各社の特徴がよくわかります。基本的には、給排水・給湯設備工事と空調設備工事などではさほど相違点が生まれません。今回の見積書でも最も低額が3,900万円、最高が4,200万円と僅差でした。

　ところが、最も差異が生じるのがやはり建築工事費です。今回は3億7,000万円から2億8,000万円と9,000万円以上の差が生じています。

　実は、消費税加算前の工事費合計の見積りでは、4社の最大差は3,970万円でした。最も建設工事費の高かった丁社は**図表37**のよう

第7章　建設会社や管理会社の選定方法

に共通経費が低く、さらに、値引きとして3,400万円を差し引いています。その結果、工事費全体では他の3社に近い見積額となっていました。

　工事内容の見積りを比較すると、各工事ごとの全ての工事見積りに極めて近い見積りとなっていたのが甲社と乙社です。最終的な工事見積額は消費税加算前で100万円の差です。各工事内容もそれぞれ具体性のある（つまり裏付けのある）数値です。エレベーター工事や外構工事には少し差が出ていましたが、最後は甲社と乙社の比較となりました。

　甲社と乙社はいずれも社長ら幹部社員の対応も良く、**工事責任者（工事を行ってもらう場合に最も重要な人材）**のレベルも高く、まさに甲乙つけがたい建設会社です。最終的には地元で70年近い歴史があり、推薦した金融機関のお墨付き（長い取引であるとのこと）があり、かつ、財務内容が若干上回っていた甲社にお願いすることとなったのです。

　もちろん、相見積りに参加いただいた各社は今後も成長してもらいたい建設会社ばかりです。なかでも、今回残念ながらお断りした乙社は何かの機会があれば仕事を依頼したいと思わせる企業でした。ちなみに、乙社は設計事務所から推薦をいただいた企業です。

2 建物管理業者への依頼法

1 管理業務見積書や仕様書のチェック

　工事を請け負ってもらう建設会社を決定することは、イニシャルコストにもランニングコストにも大きな影響を与えるため、極めて重要です。イニシャルコストの大半を占める建設工事費に直接かかわってくるだけでなく、建設期間中のリスク、工事完成後のリスクなどにも影響を与えるからです。

　今回の工事期間中の対応なども含めて甲社の対応は良質です。やはり地元で70年の歴史の重みをしっかり身に付けておられる建設会社であることを実感することができました。現在に至っても、ビル所有者であるＡ社社長からは極めて好感の持てる設計事務所や建設会社と関われて有り難かったという評価をいただいています。

　そこで、もう１つの相見積りをお願いしたケースをご紹介しましょう。ビル完成後の建物管理業務の請負会社の選定です。

　１階から４階までは小型版の医療モール、５階から９階は単身者もしくは小世帯の住居系を企画しています。そのため、ビル全体の建物管理業務を依頼しなければなりません。そこで、**図表38**のよ

うな管理業務に関して3社から見積書を提出してもらうようにしました。

今回は、5階以上の住居系入居者についてはX社と15年間同額のサブリース契約を行っています。そのため、X社と懇意のある3社の紹介を受け、それぞれできるだけ具体的な見積書を出していただくこととしました。

出来るだけ具体的とは、「週何回」とか「毎日何時間」とか「年何回」という回数や時間、さらにその業務内容などです。日常清掃業務なら清掃対象場所（たとえば、アプローチ、風除室、メールコーナー、エントランス、エレベーターホール、オートドアの溝など）やその作業内容などを列挙してもらうということです。

見積書の中で「自在箒又は掃除機を用いて床の埃を取り除き、モップを用いて床の汚れを取り除く」とか「ノブ等の金属部分を磨き上げる」あるいは、「オートドア、エレベーター入口の溝に詰まったごみを取り除く」などの作業内容をわかりやすく書いてもらうという意味です。

こうした業務が列挙できるかどうかは、現実にその会社がそうした清掃業務を日常においてしっかりと行っているという裏付けになります。参考までに、定期清掃業務の内容をまとめた作業仕様を図表39にまとめておきました。つまり、こうした作業を行う対価が月額管理予算として見積もった金額だというわけです。

各社の内容にはさほど大きな相違点はありませんでした。ただ、管理全体で見た場合に重要なことは、清掃面だけでなく各社の管理体制にあります。そうすると、交渉事における管理会社の応対の仕方、経験値、見積書のまとめ方、この業務を必ず請け負おうとする積極性などが優劣の決め手になってくるということです。

図表38 管理業務見積書

	業務項目	月額	年間予算	作業単価	業務内容
1	日常清掃業務				週4日　2時間 詳細は仕様書①
2	定期清掃業務				年2回　共用部床面機械洗浄等 詳細は仕様書②
3	設備機器巡回点検				年1回　給排水・電気設備点検 詳細は仕様書③
4	消防設備法定点検				年2回外観・機能点検　年1回総合点検 詳細は仕様書④
5	増圧ポンプ年次点検				年1回　増圧ポンプ分解清掃等 詳細は仕様書⑤
6	機械警備業務				24時間　綜合警備保障導入予定 （電話回線別途要）　詳細は仕様書⑥
7	エレベーター保守点検				年4回　独立系POG契約 詳細は仕様書⑦
8	防火管理者選任				防火管理者選任　消防計画作成等 詳細は仕様書⑧
9	一般管理・24時間受付				24時間　緊急対応受付業務 詳細は仕様書⑨
	小計				
	消費税(8%)				
	合計				

図表39 定期清掃業務　作業仕様書

定期清掃業務　実施頻度：年2回　　　　　　　　　　　※実施個所：エントランス関係、廊下、階段

床素材	作業仕様
タイル 石貼り 塗床	①洗剤溶液を塗布しポリッシャー等により汚れを除去する。 ②水切り等を用いて床面に残った洗剤溶液除去する。 ③水切り、モップ等を用いて床面の残水を除去し、乾燥させる
長尺シート Pタイル	①洗剤溶液を塗布しポリッシャー等により汚れを除去する。 ②水切り等を用いて床面に残った洗剤溶液除去する。 ③拭き上げ用モップによる拭き掃除を原則2回行い、床面を乾燥させる。 ④モップによりワックスを塗布し、送風機による乾燥を行う。

図表38や39は、Ａビルの管理を依頼した管理会社からの見積書に添付されていた仕様書です。他のビル管理でも丁寧な管理の仕方をされていることが垣間見られます。また、サブリースをお願いした社長からも情報を得ましたが、いずれか１社だけの推薦を頼まれたなら、やはりその会社をお薦めするということでした。

2 設計企画後も再三の変更

　企画段階で５階以上の入居者募集を依頼したサブリース会社からは、住居部分の設計図面に関していくつかの方向性の提示を受けました。実例を５点ほど挙げてみましょう。

① ４帖程度の洋室については、二面採光にして建築基準法上の洋室として表記できるようにしてほしい。
② 引き戸は大きさを均等に調整して、何枚かに分けても完全に壁に収納できるように変更できないか。
③ 引き戸を広げると各部屋が綺麗に区画される状態になり、完全に収納された状態なら10帖以上の１LDKや大きめのワンルームとしても使用しやすくなり、空気も直接抜けるため換気もしやすい。
④ LDK部分の広さを確保したいためコンロとシンク部分を分け、躯体の柱によるデッドスペースを生かしたカウンターキッチンのようにできないか。
⑤ LDK部分を広く取りたいため、洋室側の壁ではなくトイレ側の壁面に設計上の工夫はできないか。

　いずれも、入居するテナントの立場に立った具体的な提案のた

め、設計事務所とも打ち合わせを行い、図面の修正、調整などを繰り返していただきました。
　レベルの高いサブリース会社は、自社が責任を負うためどんな入居者を募集するかといったように入居者の顔をイメージできています。そのため、内容が具体的で論理的なのです。こういった意図がわかる企業と仕事をしていると、打ち合わせを行うごとにより良い方向が見いだせることになります。

　不動産活用コンサルティングを行う場合には、単に企画力があるとか、テナント情報に強いとか、資金調達方法が豊富に提案できるなどという経営資源は当然のことながら必要不可欠です。ただ、それ以上に重要なことは様々な企業とのコーディネート力であり、プロデュース力であり、交渉のための洞察力であるといっても過言ではありません。
　ちなみに、今回のケースは企画途中にＡ社の会長が逝去されました。Ａ社の大株主でもあったため、不動産活用企画のプロデュース業務と企業継承（相続）の実践業務が同時に進行していくことになったのです。

第8章
不動産コンサルティングとしての不動産活用業務の見せ方

1

フラグメンテグレーションの仕組み

1 明確な目的につながる共働化

　このドキュメントの主役であるAビルは、2年前（2017年）に竣工し、テナントも満室状態でスタートしました。初年度は、当初の建設計画・事業計画に基づいたシミュレーションどおりに推移して、ビル単体事業としても営業利益951万円、経常利益579万円を計上することができました。5年間は開業費関連コストの償却費が同額のため、営業利益はほぼ同額で推移すると考えています。

　目的に合った企画を立て、企画に見合ったビルをイメージどおりに設計していただいた設計事務所、建築を請け負って事故もなく工事を進めていただいた建設会社、早々と入居募集に応じていただいた大手調剤薬局、上層階の住居ゾーンの入居管理を担当していただいた不動産仲介会社、全体のビル管理をお願いさせていただいたビル管理会社、資金調達でお世話になった金融機関など、全ての関係者の皆様がA社の思いを活かすビル経営事業の実現のために共働していただいたことで、1つの事業主体を生み出すことができたのです。方向を決めて同じ目的に向かって動き出すと、企業文化や風土、社風など組織の背景が異なっていても、モノゴトは必ず実現し

ていくという好例でもあります。

　全てのビジネスには目的があります。「何のため」という目的です。目的を達成するために手段があるのです。目的のないビジネスはあり得ません。特に、異業種が集まるプロジェクト業務では、この「目的」が仕事を進めるにあたっての全体の共通基盤になってきます。

　土地の所有者であるＡ社の「オーナー要因」からこのプロジェクトの目的が明確になりました。将来のＡ社の事業活動において第２の柱を打ち立てる第一歩としての不動産賃貸事業への進出であること、Ａ社の本業へのシナジー効果と周辺地域へのイメージアップが重要であることなどを基軸にすることによって、明確な目的が成立していたのです。

2 フラグメンテグレーションシステム

　ダンコンサルティングでは、フラグメンテグレーションという仕組みを重視しています。フラグメンテグレーションはそのまま当社のサービスマークやロゴにもなっています。一種の造語ですが、21世紀型ビジネスの鍵になると考えて30年前からこの方式で実行してきました。

DAN PARTNERSのロゴは、
フラグメンテグレーションを表現しています。

複数のものが調和し融けあう精神と、１つのものが代謝・分離して新しいものに変換されてゆくという価値をコンセプトとしています。

フラグメント（fragment）とは、「断片」とか「バラバラ」とか「蝶の羽」などの「離」を象徴しています。一方、インテグレーション（integration）とは、統合、集成、完成、積分などのことです。
「フラグメントの断片」と「インテグレーションの統合」を組み合わせた造語がフラグメンテグレーションというわけです。
「統」の中の「離」、「離」の中の「統」ともいえますが、個性のある自立したいくつかの武器（強み）を持っている組織体（離）同士が、ある目的のために1つのプロジェクト（統）として共働していくことが21世紀の日本社会にはフィットしていると考えていたからです。
　今から10〜15年ほど前（2005年頃）から日本では「ノマド」現象が生まれています。自分の強みを活かしながら、ある目的に対してチームを組んで働く人たちのことです。まさにノマド現象は、個人事業としてのフラグメンテグレーションの仕組みといってもいいでしょう。
　今回のビル企画においては、「全体調和」の中で「部分」が専門的、独創的であることが必要になります。これは、公認 不動産コンサルティングマスターなどのプロフェッショナルが不動産活用などのコンサルティング業務を行う場合に重視すべき考え方と言っても過言ではありません。自社で全てを抱え込むという時代は20世紀末に無くなっているということに気付いておかなければならないということです。

2 フローチャートによる企画の見える化

1 業務の見える化

　次ページの**図表40**に不動産活用を行う場合の事業開始に至るまでのフローチャートをまとめています。このフローチャートは、25年前（1994年）に日経BP社の『日経リアルエステート』という雑誌にも掲載したものです。

　当時と様式は全く変わっていません。不動産活用を受注してから事業開始までの大雑把な時間の流れを一覧表としてまとめたものです。

　フローチャートは横軸が時間の経過であり、縦軸はそのプロジェクトを担当する業務別と、その時々に必要なキャッシュアウト（資金支出）に分けています。

　時間の経過はさらに大きく3つに分類しています。イメージプラン（調査報告書、及び企画提案書の作成とプレゼンテーションまで）のゾーン、具体的設計とテナント開発（テナント決定・実施設計図の確定まで）のゾーン、最後に、建設会社の選定から事業開始までの建設工事ゾーンという3ゾーンです。

　一方、縦軸は（A）企画、（B）設計、（C）工事、に分類しています。これはそれぞれの担当会社別ということです。企画の分野は不

図表40 事業開始までのフローチャート（商業系の場合）

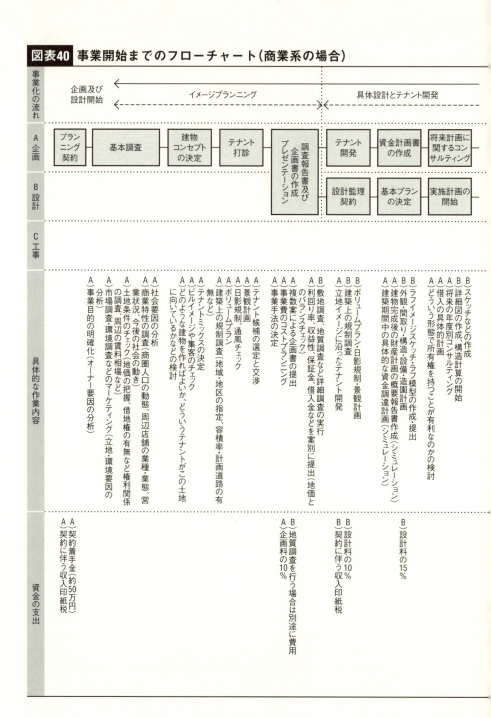

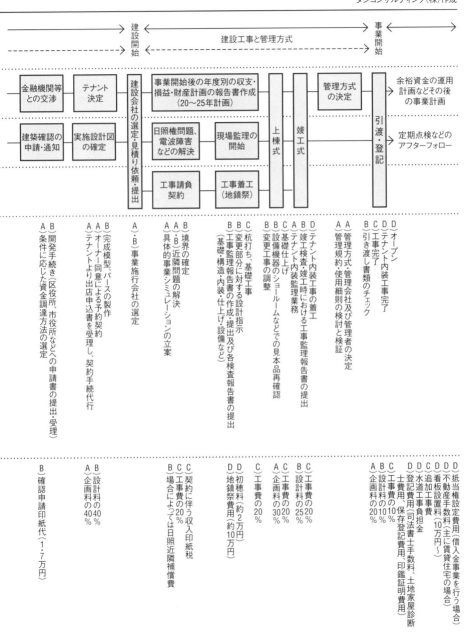

動産コンサルティング会社が行い、設計は建築設計事務所、工事は建設会社が担当します。

　何のためにこのフローチャートを作成しているのかというと、依頼者に業務全体の流れと担当会社の業務内容が見えるようにするためです。さらに、プロジェクト業務全体の流れの「見える化」を担当会社それぞれに理解してもらうということでもあります。

　(C) の下側に「具体的な作業内容」を明記しています。それぞれの担当会社がどんな業務を行うのかも一目瞭然になるように具体的に例示しているのです。

2 なぜ企画部分のフローチャートが長いのか

　具体的な作業内容の各業務の頭にある (A) や (B) はそれぞれ企画や設計を示しています。どの担当会社が何をやるのかをわかりやすくまとめています。

　特に、企画という業務は依頼されるクライアントにとっては何をしてくれるのか見えづらいのは事実です。そこで「基本調査」という大項目には、「事業目的の明確化（オーナー要因の分析）、市場調査、環境調査などのマーケティング（立地・環境要因の分析）、土地条件のチェック、商業特性の調査、社会要因の分析などを行います」ということを明示しています。

　これらは、最終的には調査報告書と企画提案書の作成及びプレゼンテーションによって報告されます。ただ、どんな業務をすることによって報告書がまとまっていくのかを、事前に依頼者に知っておいてもらう方が信頼関係が深くなってくるはずです。

　もちろん、住居系が主体となるマンション企画などになると、テナント（入居者）の決定は上棟式以降になるケースが大半です。た

だ、少なくともオーナー要因や社会要因、さらには、立地要因によってある程度の方向性（つまり、ターゲティング）はできていますので、入居候補者には近付いているはずです。

　このフローチャートを見てお気付きになることがあると思います。建設工事が始まる前の方がフローチャートの占める割合が多いということです。通常、不動産活用の場合は、建設期間中のフローチャートの占める割合が圧倒的なのですが、本当は、ビル建設前までが最も重要です。ビル経営が成功するか失敗するかは、ほとんど企画の段階で決定してしまうからです。

　製品や商品づくり、あるいは、サービス・技術の開発などでは、どんな製品やサービスを生み出すのかを考えるのが通常です。そのうえ、不動産活用は活用すべき不動産オーナーの考え方が活用方法のヒントにもなり得ます。

　「土地」も「土地所有者」もいずれも唯一の個性であり、オンリーワンの存在です。さらに、ビルなどを建築すると長期間その土地の上に存在することになります。つまり、失敗が致命傷になり得るということなのです。そうすると、直前の調査と現状分析、それに基づいた企画がいかに重要であるかがわかるでしょう。

3 信頼を生むために必要な条件

　企画のフローチャートが長いのには他にも理由があります。日本では建築設計分野や工事施行会社などにおいては、すでにビジネスモデルとして課金のシステムが成立しています。設計料や工事費は、当然負担するのが当たり前の世界ができ上がっているということです。

　ところが、日本の社会では企画料とかコンサルティングフィーな

どを社会に認知させるまでには相当の歴史を費やしてきました。もしかすると、公認 不動産コンサルティングマスターなどの専門コンサルタントでさえ、フリー（無料）でコンサルティングや企画を立てておられる方が存在しているかもしれません。

そのためには、プランニングとかコンサルティングとはどんなことを行っているのかをより具体的に依頼者に知っておいてもらわなければなりません。また、プランニングやコンサルティングによって、その結果にどのようなプラスの影響を与えるのかについてまで納得しておいてもらわなければならないのです。

新しいサービスや市場を創出するということは、顧客のメリットを明確にしてあげることであり、同時に、デメリットも事前に解説してあげるということでもあります。

簡単に言うと、信頼されるために何を成すべきかということです。そのために企画とかコンサルティング業務は何のために行い、どんなことを行うのかについて事前に詳細にまとめておく必要があるのです。業務の内容をできるだけわかりやすく伝えることが信頼を生む第一歩だからです。

4 いつ、いくら、どんなコストが発生するのか

さらに、一番下の欄には、キャッシュアウト（資金の支出）の項目を作成しています。どんな時期に、どんな内容のキャッシュアウトが生じるのかをわかりやすくしているのです。逆に言えば、どんな業務によって資金の支払いが発生するのかが見えてきます。

たとえば、当初には契約に関する収入印紙税と契約着手金が生じます。これはコンサルティング契約書に必要な収入印紙であり、かつ、企画立案までの着手金です。つまり、契約書の作成からこのプ

ロジェクトはスタートするということをお互いが確認できるということです。

　また、調査報告書と企画提案書の作成までで仕事が終了するケースもあります。簡単に言えば、依頼事項は企画書作成までというケースも無くもないのです。そのため、従来は契約書を二度作成していたケースもありました。

　依頼者からみると、どの時期にどのような資金が必要となることが当初にわかるため、資金計画が立てやすくなります。

　キャッシュアウトの欄にある「(D)」という項目は、その他の専門家に対する支出です。地鎮祭費用や初穂料、登記関係費用、抵当権設定費用などといった企画・設計・建設以外に支払うコストといえます。

　さらに、**図表41**に「経費・支出に関する注意点」をまとめました。これは本来、フローチャートの最後に一覧表にしているのですが、ここではわかりやすくするために別書きにしておきました。事業開始後に発生するであろう経費をできるだけわかりやすくまとめています。

図表41　経費・支出に関する注意点（土地所有のケース）

① **計画・工事期間から事業開始後も引き続き発生する経費・支出**
　a）土地の固定資産税、都市計画税
　b）各種振込手数料

② **事業開始後に新たに発生する経費・支出**
　a）建物の不動産取得税・登録免許税
　b）建物の固定資産税、都市計画税

c）火災保険料
　　d）施設管理費・管理諸経費
　　e）維持費・修繕費
　　f）借入金利息
　　g）借入金元金返済（事業上の経費にはならないが、減価償却の範囲で収まれば資金繰りに大きな問題は発生しない）

③ 現在、使用している建物を取り壊して建設する場合の経費
　　a）旧家屋の取り壊し費用
　　b）引越費用
　　c）建設期間中の家賃や敷金
　　d）荷物の保管料　　　　　　他

④ 賃貸していた建物を取り壊して建設する場合の経費
　　a）立退料
　　b）移転料
　　c）弁護士費用（ケースによる）　　他

5 現状分析の調査書と未来を指す企画書

　調査報告書と企画提案書に関しては、**図表42**のような分類でまとめるとよいでしょう。
　調査報告書は、4つの要因を調査して現在に至るまでを理解するために現状を分析するということです。
　一方の企画提案書は、現状を分析した調査書から、さらに4要因の今後をイメージしてまとめていきます。現状の問題をしっかり分析して、課題に変えて解決案を示すというソリューションビジネスモデルの考え方と同じかもしれません。

目的を明確にするということは、あるべき姿（未来像）を表現することです。そのため、正しい現状把握と分析によって課題がわかりやすくなることにもつながります。**図表42**のＡとＢのゾーンが調査書の作成につながり、Ｃのゾーンから企画書をまとめるということです

　不動産活用コンサルティングというビジネスは、不動産所有者である企業や個人の未来を構築するお手伝いともいえます。最も社会性のある事業の１つと言っても過言ではないでしょう。

図表42 ４要因の分析と調査書・企画書の関係

要因分析	→ 過去（歴史） →	現在 →	未来 →
オーナー要因 社会要因 環境要因 立地要因	Ａ	Ｂ	Ｃ
提案書の内容	調査書		企画書

　現在（Ｂ）は過去（Ａ）の集積であり、現在を理解するということは過去を熟視しなければなりません。なぜ、現在が誕生したのかという過去（歴史）の変遷を知ることで初めて現在を正しく理解できるということです。

　つまり、調査書をまとめるということは、ある一定期間の不動産所有者の歴史、社会の流れ、環境や立地の変化などを理解し、その集合体として現在が生まれているということを不動産所有者に確認してもらう作業なのです。

　現在（Ｂ）を正しく読み取ることで未来（Ｃ）を考えるための土台が構築できます。４要因の現在を生み出した大きな流れをまとめることが、これからの方向性を考えるヒントになって企画書が作成できるということです。歴史を知ることで現在が正しく理解でき、現在を深く理解することで未来が予測できるというわけです。

第2編

不動産活用による会社再生物語

第2編　概要

　本編の7つのケーススタディの全ては、ダンコンサルティングが実際に相談を受けて提案させていただいた現実の事例です。特に、不動産オーナーのウォンツやニーズをどのようにピックアップすることが三方にとって喜ばれる活用につなげられたのかという視点からまとめています。

　なお、ここでいう三方とは近江商人のいう、「世間良し、相手良し、自分良し」の「三方良し」のことで、地域社会、顧客や関係者及び、自社の三方という意味です。

　もちろん、当事者に対する影響もあることから具体的な事実内容は少しずつ変えていますが、「考え方」や「方向性」などに関しては、ほとんど現実そのままを記載しています。そのため、「実際に不動産活用を考えておられるオーナー」や、「不動産所有者に不動産活用をコンサルティングとして提案していこうと考えている専門家（プロフェッショナル）」にとっては、「企画の立て方」や「考え方」の理解、あるいは、「方向性」の示し方などの参考になるのではないでしょうか。「社会性のある不動産活用とは何か」を考える機会にしていただくと幸いです。

　ちなみに、本書は『オフィスジャパン』の2010年から2012年にかけて10回連載させていただいた「CRE戦略の考え方とケーススタディ」から抜粋して加筆、修正したものです。全て1988年〜2008年頃までに行った実例ですので、少し古いですがかなり具体的にまとめていますので、現在でも十二分に通用するケーススタディばかりです。

　7社の「中小企業の不動産活用による再生物語」としてもお愉しみください。

Case study
1
3つの課題をどう解決するか?

本社・倉庫の移転とテナントの導入による再建計画を
金融機関との交渉も絡めて実行したA社のケース

立地と事業の最適化戦略

　中小企業や個人が所有する不動産を活かすための前提条件は、立地と事業（ここでいう事業とはオーナー要因のこと）の最適化を考えるということです。**立地と事業のバランスがフィットしていると、社会の大きな変革がない限り事業は成長し、その結果、不動産が効率よく企業のために働いている**ということになります。厳密に言えば、一定の社会状況において立地と事業のバランスが合っていると不動産が活かされているというわけです。

　そうすると、ビジョンが明確で、マネジメントが確立していて、質の高い商品やサービスという経営資源を持っていても、事業が上手く回転しない（回転しているかどうかは ROA で検証できます）のは、その事業にとっては立地に問題があるのか、もしくは、事業そのものが社会環境に合っていないかのどちらかしかありません。

　ここでいう社会環境とは、時代に合っているかどうかということです。時代に合っていないならば、業態・業種を含めて事業全体のあり方を見直さなくてはなりません。

　一方、立地に合っていないなら、現状から脱却する方法は簡単です。その事業に合っている立地に移転すればよいのです。このケースでは、既存の土地を、**売却するか、買換えするか、交換するか、賃貸するかという4つの選択肢**が生まれてきます。会社全体のバランスシート改革を重視するならば資金化して債務を圧縮することが望ましく、新規の事業として考えるならば買換えや交換などを活用することがベターかもしれません。

町づくりにも応用

　立地と事業の組み合わせからモノゴトを発想していく考え方は、商店街や町づくりの活性化にも応用できます。ただその場合は、商店街などの町全体を1つの組織であるという前提で組み立てておくことが必要最低条件になります。なぜなら、商店街に所属する大半の商店主は自分の土地の上で自分の事業を行っているからです。

　自分の土地を賃貸して近隣の土地を賃借するなどというのは、日本人的なしがらみの多い発想ではなかなか生まれません。互いの土地を活かすという広い視野・大局観からモノゴトを組み立てていくなどというのは、イマジネーションとクリエイティブという2つの「そうぞう」力が必要なのです。**活性化している商店街などは、ほとんどが地域社会を重視して全体バランスを考えている**ことをテーマとしていることがわかります。

　最近、物販などのナショナルチェーン店では戦略的にリプレイス戦略を採用しています。リプレイス戦略とは、既存ショップの近隣地に出店候補地が見つかれば既存店を撤退しても新店舗をオープンさせていく戦略です。

　少しでも好立地があれば他社に占拠されるよりも先に出店することで既存店より収益力を上昇させ、ライバルの好立地への出店を阻むというわけです。プラスをよりプラスに、マイナスをよりマイナスにというのがリプレイス戦略といってもよいでしょう。21世紀の社会においては、立地と事業のバランスはより重要視されだしていることを理解しておかなければなりません。

A社の課題

　企業や官庁に対して事務消耗品などの通販ビジネスを展開しているA社には**図表43**のように3つの課題がありました。

> **図表43　A社の3つの課題**
>
> ① 公官庁への納品が事業の大半を占めており、今後契約の打ち切りも考えられる状況にあること。
> ② バブル期に購入した本社ビルの借入金が残り、さらにビルの不動産価格が大幅に下落していること。
> ③ A社社長の自宅が担保に入っているため、競売される恐れがあるのではないかと不安であること。

　時代の変化とともに公官庁のコスト意識も大幅に変化しているため、単に従来から受注していたから今後も続くだろうと考えることはあり得なくなりだしています。商品そのものに特徴があるわけではないだけに、今後受注量の減少に歯止めがかからなくなる可能性が高まってきました。つまり、事業構造の抜本的な見直しが必要になりつつあるということです。

　また、借入金の残高と不動産価格がアンバランスで、売却しても借入金は完済できないという債務超過の状態でもありました。その結果、自宅を担保に提供していることのリスクが浮かび上がってきたのです。

　こうしたケースでは個別に考えるより、まず全体像から個別事情に落とし込んでいくことが要求されます。マクロが必要なためにミクロを理解するとともに、マクロの最適化の中からミクロの最適化

を求めていくというプロセスが大切になってくるのです。

　歴史学者Ｅ・Ｈ・カーが、「**歴史とは現代の光を過去に当て、過去の光で現代を視ること**」と言っています。時代の流れという時間軸と、社会の動きという空間軸の違いはありますが、目の前のことを目の前だけで見ていると判断に誤るということなのでしょう。

　Ａ社のケースでは、事業構造の改革によってＡ社の存在性をどのように決定していくかが究極の目的になります。ただ、短期的には借入金の返済が苦しい、自宅が売却されるのではないか、不動産が大幅な含み損である、社員の将来が不安である、といった点が目の前に突き付けられた課題となっていました。

本当の悩みは何か

　そこで最初に、不動産の登記簿謄本を検証することにしました。すると、自宅の一画地が金融機関に対して保証人ではないＡ氏の父親名義になっていたことがわかったのです。これは、金融機関が競売にかけるということは難しい状況になっているといえます。仮に競売になっても、父親以外に落札者が出ることは考えにくいでしょう。

　不動産に関しては、無知による悩みが数多くあります。あるいは、間違った知識や思い込み、勘違いによる不安や悩みも多く見受けられます。

　不動産法務や不動産税務は複雑で煩わしい文章が多く、全てを完全に理解している人は少ないと言っても過言ではありません。つまり、３つめの悩みは、よく理解すると深刻な悩みにまでには至らないということなのです。

　さらに、公官庁との契約内容や取引実態を詳細に検討していく

と、A社の受注が大幅に減少する可能性があるのは2年後であることがわかりました。また、その先も減少が見込まれるものの契約破棄にまで至ることはないこと、小ロットで販売できることから一般企業への受注がわずかずつ成長していることなどが判明したのです。

そこで、不動産の課題解決を優先することになりました。**現状において自社ビルが必要な理由、立地条件は事業展開に大きな影響を与えるのか、取り扱っている消耗品に普遍性はあるのか、といった立地と事業と社会環境の視点からの分析**です。

その結果、立地戦略はさほど重要ではないこと、在庫用の倉庫の確保は必要であること、本社部門は合理化できること、商品力はしばらく維持できることなどがわかってきたのです。

つまり、自社ビルで活用していた本社、営業、倉庫などの機能は速やかに移転し、自社ビルの活用による事業の再構築ができるということです。A社の場合には、賃貸して収益を上げるか、売却して借入金を返済するかの2つに絞られます。

ただ、売却価格と借入金を比較すると、売却しても借入金が残り、この借入債務を本業から支払っていくことになります。そのうえ、金融機関からみると残りの借入金は全て自宅が担保となるため、売却の条件に自宅も一緒に処理してほしいと言い出しかねません。

そこでA社は、**図表44**のように戦略を明確にすることとしました。

図表44 A社の戦略構築

① A社は、自社ビルであるAビルを所有して通販ビジネスを展開していたが、新たに新A社を新オフィスにて設立（会社分割）して事業を引き継がせる。
② 新A社は、移転先の家賃・管理費等のオフィス・倉庫用固定費を、現状の自社ビルの維持管理に係る固定費と借入金返済金額に金利を加えた合計額の50%以内で計画する。
③ A社は社名をX社として、現在の自社ビルは維持・管理していくものとして、投下資本収益力を元にテナント誘致を行う。
④ X社に社名を変えた旧A社は、目的を不動産の賃貸管理に変更して不動産所有管理業に徹する。
⑤ X社と新A社は取引金融機関に対して新しい事業計画を策定して、今後の支援を依頼する。

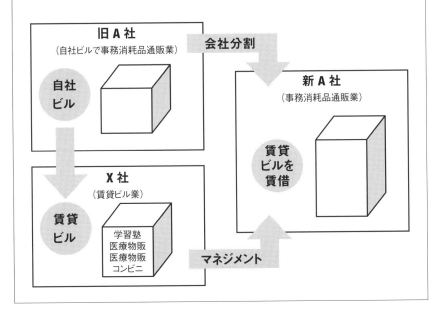

会社分割と立地変更

　将来の戦略を定めたA社は、本業を展開する立地を広範囲なエリアから探し求めました。エリアの限定はしなかったのですが、既存のオフィスから同じ地下鉄沿線で5つ離れた駅の周辺地域で見つけることができました。かなり地価が下落しており、その結果、家賃相場も相当下落していたため、**図表44－②**の条件内で収まったのです。

　新A社は会社分割の手法でA社の社名と事業（取引先など）、さらに社員を譲り受けることとなりました。営業権譲渡ではなく会社分割にしたのは、消費税の課税などの影響が少ないことも理由の1つです。ただ、それ以上に一体の会社であるということを証明することで、既存の取引先との契約維持に重点を置いたからです。

　新A社は、固定費が相当減少したうえ、借入金などの大口債務はほとんどありません。したがって、損益分岐点も低下することとなり、事業計画を立てると初年度から利益体質に変われそうです。

　一方の旧A社は、テナントミックスを決定する前に立地・環境診断を行うこととなりました。まさに本書冒頭の口絵**図表1**にある⑦の「Re-ビジネス」です。このケースでは、建物のリノベーション発想をベースにして実行していくことになります。

　本社ビルとして活用しやすく、かつ、商品の出し入れがスムーズになるという前提で購入していたため、比較的駅に近く、前面道路は幹線道路であり、かつ、表と裏の2方道路にも面しています。また、裏道路は駅に向かう近隣住民が通行している生活道路でもありました。

　幸いなことに、都心に向かうバスの停留所が隣地の前にあります。近隣に出店していた大手のコンビニエンスショップが、A社が

移転するという噂を聞きつけて相談に来ました。

既存店舗よりはるかに好立地のため、リプレイスしたい様子です。間口の広さだけではなく、生活道路にも面しており、幹線道路側には車を止めることができます。

敷地の一部を本社ビルの駐車場立地にしていたことや、ビルの一部を屋根つきの駐車場としていたことで、コンビニエンスショップ併用ビルというテナントミックスを当初から第一候補に挙げていました。

1階は駐車場が狭いというマイナス条件はあるもののコンビニエンスショップ2社から条件提示を受けるとともに、2～4階のテナント導入を図ることとなりました。近隣に大学病院など医療機関が多く、さらに生活圏としての市場性が高いことから、医療機関とその関連物販店、営業店といったメディカル系のテナント導入を基本路線としたのです。

テナントミックスによるリーシング

A社が購入していたビルは、当初のビルオーナー会社が1階と2階を利用し、3～4階をオフィスとして賃貸していました。そのため、エレベーターや階段がしっかり区分されており、メゾネット的な内装になっていなかったこともフロア貸しを考えた理由でもあります。

医療機関の入居を期待していましたが、医院自体の入居はなく、医院等への物品販売などを行っている営業会社が2階と3階に入居することになりました。そこで、近隣の住環境を重視して4階には学習塾を候補としてテナント交渉を進めることになったのです。

A社は事業計画を組むにあたり、このエリアの賃料相場から

10％ほど引き下げた売上計画を立てていました。金融機関と借入条件の交渉をするためです。
　既存の借入金は3行からのものです。毎月の返済期日も異なり、金利の条件も返済期間もバラバラです。そこで低い賃料ベースで組み立てた20ヶ年の事業計画（利益計画・資金計画）シミュレーションから判断し、どのくらいの期間で返済が可能かを検証することとしました。
　その結果、元利均等返済、固定金利年3.5％（2001〜2004年頃の事例です）なら14年以内で完済できることがわかったのです。不動産所有会社としてはまずまずの条件だったといえるでしょう。
　テナント交渉と同時に、シミュレーション資料や分析レポートを持参して実効金利の最も低い金融機関と交渉することになりました。他の金融機関分も含めて同条件で引き受けてもらえないかと打診したのです。
　金融機関からはいくつかの条件を提示されました。その結果、借入金の一本化と相場より1割低い賃料設定でも返済が可能となる借入条件となったのです。
　この間に、1階のコンビニエンスショップは1社に絞り込んで契約を締結するとともに、2階と3階の営業会社ともほぼ同じ時期に契約を交わしました。
　2〜3階については、一部の改修工事をA社で行いましたが、この資金については預かった保証金で賄うことができました。さらに3ヶ月後には、4階部分を**図表45**のような展開で打診し、大手学習塾Aスクールと契約が締結できたのです。

図表45 テナントの交渉内容（学習塾のケース）

社名	店舗名	担当者	コメント	結果
A	A スクール	N	（省略）	OK
B	B 教育センター	T	T 地区、K 地区を強化したいと思っているので出店はできない	NG
C	C スクール	S	出店地域外なので出店できない	NG
D	D 義塾	C	（省略）	NG
E	E 進学スクール	Y	現在出店は考えていない	NG
F	F 義塾	N	（省略）	NG
G	G ゼミナール	S	（省略）	保留
H	H スクール	S	（省略）	NG
I	I 学習館	I	（略）	NG
J	J スクール	O	出店の予定はない	NG
K	K 学院	I	（省略）	NG
L	L アカデミー	S	出店地域外なので見送らせてほしい	NG
M	M 学院	S	現在出店する計画がない	NG
N	N	K	（省略）	NG
O	O ゼミナール	S	現在の所から移転したい場所だが、契約の絡みで今回は出店できない	NG

　ここでは実際にテナントと交渉した内容を明示します。想定ではなく、計画を進めればこうなるという「生の声」です。企画は「絵に描いた餅」では意味がないからです。オーナーが GO サインを出したらすぐに実行できるだけの体制を作っておくことは、今後の企画に望まれる点でもあります。

　この表は、テナントとの交渉内容が NG であっても保留であっても、業界情報リストとして保存しておくに値する意味がある資料です。なぜならば、他のあらゆる土地にもこの情報が活かせるからです。A 社は次に、出店可能性のあるテナントをビル条件に当てはめ、それぞれの賃料をシミュレーションしています。

A社がX社、新A社が従来業務を継続

　A社は、社名をX社に変更して不動産所有賃貸事業を継続するとともに、会社分割をした新A社とマネジメント契約を締結して、総務・経理部門を代行することとなりました。2社に分社したことによる無駄なコストを削減するためです。

　一方、新A社は、従来の消耗品通販事業を展開するとともに、納期・仕組み・コストといった良質な経営資源を民間に提供するために力を入れだしています。

　会員制を導入することで修理などを取り扱うメンテナンスビジネスの構築や店舗来店型ビジネスへの進出、サービス部門の強化も始めました。幸いなことに、官公庁への通販ビジネスも消滅することはなく、現状では20～30％程度の減少で済んでいる状況です。

　旧A社はX社に名称を変え、既存の建物を活かして不動産賃貸業に業種も変えることとなりました。さらに、新A社を設立（会社分割）し、旧A社の業務を引き継ぐことで事業再生を図ったのです。

　2社が新しい事業計画をベースに次のステップに進出していくこととなりました。本社・倉庫ビルを新しくテナントミックスして活用し直すことで、会社再編を果たすことのできたケースといえます。

Case study 2
土地を活かした新規事業の組み立て方

オーナーの希望に合った土地活用企画と
未来収益力をベースにしたイニシャルコストを考慮して
新規事業に乗り出したB社のケース

商品開発より難しい土地活用

　経営資源の集中化を図らなければ、これからの時代に生き残ることは難しいと言われています。分散より集中がキーワードとなっていることは確かですが、経営環境が悪化して経営改善や再建計画を立案しなければならないような企業に限らず、いつの時代においても資源の集中化は経営常識といってもよいでしょう。

　バブル以降において、経営が困窮しだした企業に残された良質な経営資源の1つに土地があります。ただ、この土地も活用次第では劣悪な資源（負動産）に変わってしまうことを理解しておかなくてはなりません。

　つまり、時代の流れや所有者の意識、さらには、立地環境やシナジー効果などを読み違えると、とんでもない重荷を背負ってしまうということです。そのうえ、土地を保有し続けることのコストアップなども考慮すると、土地を活かして経営を維持することの難しさは並大抵ではありません。

　経営と土地にミスマッチが起こりだすのは、時代の転換期でもあります。特にバブル以降に経営の効率化を怠ってきた企業には、土地の高騰は表面上では資産価値が膨れたような印象（プラス価値）だけを与えてきました。

　ところが実際は、経営効率がより劣化してしまっていたのです。単に総資産（時価基準）が膨れ上がるということは、収益構造を変えない限り、総資産経常利益率（ROA）が悪化してしまうということになります。こうした意味では、**"含み資産経営"は、企業価値を見誤らせていた**といってもよいでしょう。この時代には、企業の所有する良質な経営資源としての土地が、活用ミスにより劣悪な経営資源に変わっていったケースを数多く見受けることができます。

土地の有効活用には、企業が新たな市場を開拓したり、新商品を開発することよりも手間ヒマがかかります。「誰に」「何を」「どのように」提供していくのかを次の４つから導き出していかなくてはならないからです。

①オーナー要因　（自社のポリシーなどから経営資源の活性化につながるもので、シナジー効果が得られるものは何か）
②社　会　要　因　（これからの社会にとって必要なものは何か、どういう切り口が要求されてくる社会になるのか）
③環　境　要　因　（周辺の環境を上手に活かせるビジネスは何か）
④立　地　要　因　（この土地にとって必要なものは何か）

　市場開拓や商品開発に必要な社会要因やオーナー要因に加え、限定された土地の立地とその環境をリサーチして企画に落とし込む行為が必要になります。通常の不動産会社などが行う調査は、せいぜい立地要因、環境要因の分析までですが、**より重要なのは、社会要因やオーナー要因であるのは、市場・商品開発を考えてみると自明の理**といえるでしょう。

　「誰に」「何を」というテーマがより強く求められだしているのは、市場そのものが読みづらくなっているからです。つまり、商品の市場価値が非常に不安定になっているため、価格設定を見誤ってしまうと悲惨な状況に陥ることになります。

図表46 企業戦略と不動産戦略の考え方

- 経営意志 will
  - 夢や未来を語ることです。
  - 使命であり存在理由のことです。
- 経営価値
  - 最も大切なものは何ですか。
- 経営目的
- Passion
- 理想
- 信念

ビジョン（時代・社会とステージ）Vision

- 経営環境（外部資源）
- 経営資源（内部資源）

戦略 → 戦術 → 計画

ダンコンサルティング(株)作成

顧客の顔が見えているか

　かかるべきコストに予定利益を加えて売上計画を立てていた時代がありました。ところが、好況期でも不況下でも成長している企業は、基本的には、"まず市場ありき"からスタートしています。市場が受け入れる価格（販売価格）から、予定利益を差し引いて、コストを計算していくという手法です。

　そのためにはまず、「誰に」「何を」という顧客ターゲットを明確にし、こうした顧客に受け入れられる市場価格（販売価格）を設定することから始めなければなりません。

　これを不動産活用に置き換えてみれば、計画されたマンションやビルの入居対象とする顧客の顔が見えているかどうか、ということになります。ただ単に、立地・環境面などを考慮してアパートやマンションを建てようというのでは、賃料設定をするにしても基準値を把握できないため、結局オーナーの意向や近隣相場で決まってしまいます。

　さらに恐ろしいことに、**何のためにこの商品が生まれたのか、何のためにこの企画が存在するのかが顧客に伝わらないため、時間の経過とともに物質的老朽化のみがクローズアップされてしまうこと**になるのです。

事業転換を図ったB社

　終戦後に設立して小さな材木問屋業を営んできたB社があります。従来から規模を拡大することなく細々と事業を続けてきましたが、市場の低迷などによって閉鎖することとなりました。

　最大の理由は、単に市場の先細りというだけではありません。日

本社会全体が経験している社員の高齢化と後継者問題など、あらゆる重圧が一気に襲いかかってきたからでもあります。

　ただ、事業を閉鎖するといってもB社を清算するわけではありません。今後のB社の事業内容を大幅に変えて生き続けていこうとしています。

　B社は、事業閉鎖に伴い、古くからの社員に対して蓄積していた資金と保険の解約金などで、規定通りの退職金を払うことができました。したがって、B社にとって残された最大で唯一の経営資源は土地ということになったのです。

　企業が新しい事業分野に進出するには、1つの定石があります。**最も良質な経営資源を探しだし、その経営資源に社会の流れを考慮した新しい情報や仕組みなどの付加価値を付けていく**ということです。

　「流行っているから」とか、「儲かりそうだから」という見せかけの切り口で進出することは、サスティナブルを目指す企業にとってはあり得ません。したがって、B社にとっては**土地に新しい価値をどのように付加していくか**が最重要のテーマとなっていったのです。

土地資源をどう活かすか

　B社の土地は、第二種中高層住居専用地域に位置しています。用途的には小規模商業ビルの建設も可能なエリアですが、近隣の状況や道路付け（前面道路はバス通りではありますが、幹線道路ではなく生活道路に近い）などから考察しても、住居系の立地といえるでしょう。

　不動産活用では短期と長期といった複眼的な視野が必要ですが、

いずれの視野からも利用価値を高めていくという点ではこの立地では住居系をコアとせざるを得ません。つまり、収益力を重視して商業施設の一部導入を考える場合でも、せいぜい地元住民向けの小規模商業施設をどのようにマッチさせるかという検討程度になります。

逆に言えば、幹線道路に面していないことで振動や騒音が比較的少なく、土地の形状なども考慮すると住居系の価値がより高まってくるといえるでしょう。

そこで、不動産活用の基本的な調査方法であるオーナー要因、社会要因、環境要因、立地要因を検討することとなりました。土地調査のカギは調査順位をどのように押さえていくかにかかっています。

ただ単に、立地や周辺環境だけを調査してマンション立地だとかアパート用地だといった企画は、長期的視野で見ると失敗しがちです。現在ではバブル崩壊以降30年近く経過していますので、大半の専門家が理解している（はず）と言ってもよいでしょう。

したがって、不動産所有者であるB社の思いや考え方（企業の経営理念や今後の戦略のあり方など）を徹底的にヒアリングすることが第一歩になります。その後に時代の流れや社会（社会とは個人の意識の塊のこと）の確認（簡単に言うと時空間の検証）を経て、周辺環境や立地条件を調査していくというスケジュールになるのです。

特に、需要層である利用者が減少していく社会においては、まず顧客ありき、という点が強調されなければなりません。

「顧客は誰か」から考える

調査の要因分析の結果、企画の方向性としては①女子学生・OLをターゲットにしたワンルームタイプの賃貸マンションと、②若年層のファミリーをターゲットにした2LDKタイプの賃貸マンションに絞り込まれました。計画地はターミナル駅から30分圏内の駅から徒歩10分の都市近郊型立地です。この立地での賃貸マンションは比較的高い賃料が可能ですが、問題は需要と供給にみる現在と未来の賃貸市場バランスといえます。

分譲マンションなどへのシフトによる賃貸需要の減少や著しい低金利の継続によるアパート・マンションの供給増加によって、賃貸市場は需要と供給のバランスが大きく崩れています

したがって、計画地での賃貸マンション企画では「誰を」という想定される入居者層の明確な把握が要求されるということになります。調査段階においては、ワンルームとファミリーの市場は、他の地域よりは高い需要ニーズがあるようです。

顧客に聞く

最終的なプランでは次のように具体的な顧客ゾーンを決定しました。その顧客に合った商品をどのように開発していくかについてが、検討のポイントとなったのです。

25歳以上40歳未満のキャリア志向のOL、もしくは専門職の女性をターゲットとした広めのワンルームマンション（ただし、駅前物件との競合になるため、個性的建築家とのコラボレーションによるデザイナーズマンションを意識する）

企業でいうと、自社の商品やサービスを提供する場合に、誰に買ってもらうのかを決めるということになります。ただ、企業側が勝手な思い込みで顧客を決定しても顧客がまったく反応しないのでは何の意味もありません。

キャリア志向の独身女性向けデザイナーズマンションに絞った段階で、具体的に20〜30代の女性の意見をヒアリングすることとなりました。売り手（B社）と買い手（入居予定者）のコンセプトのギャップがどのくらいあるのか、あるいは、入居者の想いを設計にどう反映させていくのかを調査するためです。

同じ層をターゲットとする女性雑誌の読者モデルなどに参加してもらい、「自分ならではの住へのこだわりや憧れ」について、**図表47**のようなテーマで自由に語り合ってもらったのです。

図表47 ブレインストーミングのテーマ

①部 屋 選 び（現在の部屋に決めた理由や生活しやすい間取りなど **10問**）
②部屋の設備（キッチン・クローゼット・天井など**10問**）
③立　　　　地（歩く距離の限界、遠くても住みたい条件など**10問**）
④外　　　　観（デザイン、デザインと賃料のバランス、植栽など**10問**）
⑤管　　　　理（管理面での不満、ゴミ捨て場など**10問**）

実際にブレインストーミング（以下、ブレスト）を行った結果、いくつかのギャップが存在することがわかりました。**図表48**に照明やセキュリティ、ルームプランの項目のみを掲げていますので参考にしてください。

図表48 ギャップの具体例の一部

①照　　明
　居住スペースについては、設計では女性を意識したダウンライトを設計側は計画していました。しかし女性の意見としては、特殊な照明の場合、電球切れの時が心配で掃除なども気を使います。居住スペースでは縫い物など細かな作業も行うため、一部は蛍光灯等の方がよいでしょう。

②セキュリティ
　過剰なセキュリティは管理負担が高くなるため好ましくありません。過剰なセキュリティや女性を意識した外観のデザイン性などは、かえって不審者へこのマンションには女性しか住んでいないということを知らしめる効果になってしまうとも考えられます。

③ルームプラン
　ルームプランについては、設計側からすると開放感を持たせるため仕切りのないワンルームを想定していました。ところが、キッチンなどにドアを設け、宅配便業者などの不意の訪問者にも一旦目隠し可能な配慮をしてほしいという意見が数多くありました。

なぜ差異化するのか（売り物は何か）

　設計計画では、こうしたブレストの意見を簡潔にまとめて取り入れてもらいました。特に、収納クローゼットとキッチン、さらには独立したバス・トイレについては、レイアウトからデザインまで意識することでアメニティ効果を高めます。
　また、通常のワンルームでは考えられない2坪のウッドテラスを全戸に配置することも提案しました。入居者自身によってガーデニ

ングを楽しんでもらうためです。

　さらに、入居者がガーデニングを実行しやすいように最寄り駅の正面にあるガーデニングショップと提携し、Bマンションの入居者へ便宜を図ってもらう仕組みも構築しておきました。もちろん、ガーデニングショップにとっても大きなメリットになることは間違いありません。

　角部屋は設計上少し広めのL字型タイプの部屋が生じてきます。そこで、女性のプロカメラマンやスタイリストなど、個人専門職がオフィスとしても使える間取りとしました。これは、家賃の一部が事業の経費扱いになる入居者を想定することで、少し高めに設定する予定のコスト負担感を減少させるためです。

　B社の後継者は三代目になり、先代の長女です。自らが商社で勤務した後に材木問屋を引き継がれました。社長としていかにB社を存続させていくかについて悩まれていました。女性をターゲットとした不動産賃貸業として生き続ける方針を定められてからは、不動産活用によって新たなビジネス展開を模索されだしたのです。

　それは、働く女性の支援をどういう仕組みで構築していくかという視点です。B社の事業を「女性」を切り口としたビジネスモデルとして作り上げていくためにも、この不動産をどう活かすかは重要なポイントでした。

　プロフェッショナルや経営者などを目指す女性たちのネットワーキングビジネスに本格的に取り組んでいこうという思いがあるからです。このマンションは、違った意味のインキュベーションオフィスをイメージした企画でもあったといえます。

　女性雑誌にも特集を組んでもらうことで、デザイン性、機能面の評価を訴えることができました。そのため、竣工前から高い評価を得て、入居率100％で事業がスタートしたのです。

Case study 2　土地を活かした新規事業の組み立て方

イニシャルコストの決め方

　この事業で**安定した経営の仕組みを組み立てるために重要なポイントは、イニシャルコストの把握の仕方**です。なぜならば、建設費などのイニシャルコストは、事業継続中の固定費負担と密接な関係を持っているからです。

　たとえば、管理費は管理面積が広くなれば増加します。固定資産税なども規模の大きさによって変化します。減価償却費もイニシャルコストによって違ってきます。修繕費も清掃費も全て同様です。借入金利子も投資額によって借入金額も上下しますので、当然変わってきます。

　なぜ固定費が重要なのかは、次のような簡単な算式で説明できます。

固定費 ÷ 限界利益率 ＝ 損益分岐点売上高

　現在の経済規模で会社再生を図る会社が安定した経営を確保するためには、低い損益分岐点（BEP：Break Even Point）を目指すことを考えなければなりません。BEPを低く抑えるためには、固定費を低くするか、限界利益率を高くするかという２つの方法しかないのです。賃貸マンション市場は変動費負担がほとんどないため、固定費をどう取り扱うかによってBEPが大きく違ってくるのです。

　財務面からみると、BEPに影響を与えるもう１つの分析数値があります。総資産に占める借入金負担の割合です。**図表49**のケースなら、借入金依存率は50％ということになります。

10,000万円（借入金）÷ 20,000万円（総資産）＝ 50％（借入金依存度）

ただし、**土地は帳簿価額ではなく売却可能価額（時価）で評価し直して計算することが必要**です。つまり、土地に含み益があれば資本が増え、含み損があると資本が減少するというわけです。

この算式は、個人が相続などで古くから土地を所有している場合にも利用できます。土地を売却可能価額として資産に計上して、その価額を資本として捉え直すということです。こうすることで初めて、有効に土地を活用しているかどうかをチェックできる正しいROA（Return On Asset）が計算できることになります。

企業が不動産を活用して新たに事業展開をする場合には、この借入金依存度を少なくとも10ヶ年計画の中で50％以下に抑える工夫をしておくことがテーマになってきます。個人の場合には40％以下で考えておくべきでしょう。

図表49　モデルバランスシート

B/S			
土　地	10,000万円	借入金	10,000万円
建　物	10,000万円	資本金	10,000万円
合計	20,000万円	合計	20,000万円

注）相続等で引き継いでいる個人の土地所有者の場合は、土地の時価を借方に計上して、その金額を同時に資本金（純資産）とします。
　現物出資で土地を受け入れた法人のケースでも、土地を時価に修正して差額は純資産の部で調整して不動産活用バランスシートを作成するということです。ROAなどのベースはあくまでも時価だということです。

CRE 戦略の本質

　賃貸型収益力のある不動産事業を計画する場合は、オーナー要因と立地要因からターゲットゾーンを広く取り、そのターゲットにある市場に合った企画（商品やサービス）を開発することです。その商品やサービスが予定できる賃貸料（市場価値と商品価値の擦り合わせ）を把握し、把握した賃貸条件から得るべき適正利益を確保します。

　その条件をクリアするためのイニシャルコストとランニングコストを決定し、この仕組みが成り立つように設計・建築、施工において最大の工夫を行うというのが本来の不動産活用戦略なのです。

　企画・資金・人材・知恵・情報などといった主要な「資源や事業」をある部分に徹底して集中することを集中戦略と言います。まさにこれがCRE戦略（FRE戦略）の本質とも言えるでしょう。

Case study 3
土地も事業もシフトした企業継承の実践法

既存の事業を引き継がない後継者候補に、
後継者がやりたい事業をその事業が必要な立地で
継承させたC社のケース

立地環境型から需要創造型へ

　経営活動を行う場合には、その事業内容が立地環境型か需要創造型かによって、活用する土地の選択方法が異なってきます。**立地環境型ならば土地が事業継続のための重要な資源になるのに対し、需要創造型の場合には、土地よりも事業の仕組みがポイントになってくる**からです。

　大きく捉えれば、20世紀の社会は立地環境型の土地活用が主力を占めていました。その最大の理由は、需要が供給を上回る社会背景があったからです。

　需要が供給を上回る社会とは、簡単に言うと、人口の急上昇時代（1900年4,384万人、1950年8,320万人、2000年1億2,692万人）ということです。モノ（生産）が足らずに、その消費活動を行う人口が増え続けていったのですから、売上が伸び続ける社会だったと言っても過言ではないでしょう。

　ところが、2008年の人口ピーク（1億2,808万人）から、今後2065年の約8,808万人、2100年の約5,000万人と人口は減り続けていくことが予想されています。モノやサービスを消費する人が減っていくのですから、原則的には売上が減って当然の社会を迎えているわけです（ここではあくまでも原則的にということであり、個々の企業の売上が減少するという意味ではありません）。

　実は、生産と消費に関しては、人口全体を眺めるより生産年齢人口の推移を検証した方が理解しやすいのです。生産年齢人口とは、15歳以上65歳未満の人口のことで、消費人口とも労働人口とも呼ばれています。

　生産年齢人口は1950年の4,966万人から1995年の8,716万人まで伸び続け（ピークアウト）、その後減少を始めています（2018年

現在で7,545万人）。その結果が次ページの**図表50**にみるように、ビールの消費量、スーパーマーケットの売上高、ガソリンスタンドや事業者数などの減少につながっています。人口問題研究所の予想では、2065年には4,529万人にまでピーク時のほぼ半数になってしまうのです。

「需要 ＜ 供給」の時代の土地活用

　需要が供給を上回る社会は1995年前後に曲がり角を迎え、すでに供給が需要を超えた社会に入っています。その結果、不動産活用の有り様も変革し、立地環境型から需要創造型にシフトを始めだしました。

　需要創造型による不動産活用の時代に入ると、その土地に適した事業を探すより、この事業を行うために必要な切り口を重視して土地を選択するという方向に変化します。ボーダレス化、業種から業態への変化、不動産の所有と経営の分離（定期借地権の仕組みなど）、収益還元価格による不動産評価などという社会変革も、需要創造型の後押しをする流れとして生まれてきたのです。

　したがって、今後は**土地の価値は事業の価値によって変化**していくという理解をしておかなくてはなりません。事業の価値とは、経営を営む経営者の意志が生み出すものであり、土地所有者が自ら事業を行った方が価値を高められるのか、それとも第三者に委ねた方が価値を高められるのかという選択にもつながってきます。すなわち、こうした切り口が21世紀型のFRE戦略のポイントになってくると考えるべきでしょう。

図表50 ピーク時とその動き

	95年～96年	08年～10年	直近(15~18年)
ビール類出荷量 ビール5社が年1回発表する総出荷量 （1ケース＝大瓶20本換算）	5億5,000万ケース（95）	4億5,917万ケース（10）	3億9,390万ケース（18）
ガソリンスタンドの数 経済産業省・資源エネルギー庁 年度末揮発油販売業者数及び給油所数	59,990店（95）	38,777店（10）	30,747店（17）
石油元売会社の数 石油連盟　今日の石油産業2018	13社（95）	8社（10）	3社（18）
金融機関（都銀）の数 預金保険機構 預金保険対象金融機関数の推移	11行（95）	6行（10）	3行（17）
信用金庫＋信用組合の数 預金保険機構 預金保険対象金融機関数の推移	786件（95）	441件（08）	409件（17）
玩具市場 ㈱矢野経済研究所 玩具市場主要9品目　市場規模推移 ※下段はTVゲームを除いた8品目	7,592億円（99） 3,514億円	7,547億円（10） 3,262億円	6,407億円（15） 3,467億円
アマゾンドットコム ANNUAL REPORT （1995年07月アメリカにて創業、日本は2000年創業）	51万ドル（95） 1,574万ドル（96） 日本における売上高	342億400万ドル（10） 50億2,500万ドル 4,120億円・82円/$	2,328億8,700万ドル（18） 138億2,900万ドル 1兆5,350億円・111円/$
セメントメーカーの数 太平洋セメント　資料	3社（95）	3社（10）	3社（17）
スーパーマーケットの売上高 日本チェーンストア協会 チェーンストア販売統計	16兆6,958億円（96）	12兆3,556億円（10）	12兆9,883億円（18）
百貨店の売上高 日本百貨店協会 全国百貨店年間売上高	8兆5,683億円（95）	6兆2,921億円（10）	5兆8,870億円（18）
コンビニの売上高 日本フランチャイズチェーン協会　統計	4兆8,442億円（95）	8兆175億円（10）	10兆9,646億円（18）
書店の数 アルメディア調査	22,296店（99）	16,342店（08）	12,526店（17）

ハイヤー・タクシーの輸送人員数 国土交通省 ハイヤー・タクシーの車両数及び輸送人員	27億5,800万人 (95)	20億2,400万人 (08)	14億5,200万人 (16)
時価総額（土地） 内閣府 国民経済計算確報（ストック編） 正味資産（国富）の内訳	1,870兆円（95）	1,191兆円（10）	1,199兆円（17）
事業者数 総務省 我が国の事業者数の推移・全企業数	510万者（96）	421万者（09）	358万者（16）
生産年齢人口の数 総務省　国勢調査	8,716万人（95）	8,103万人（10）	7,595万人（17）

業種型か業態型か

　立地環境型と需要創造型を理解するもう1つの考え方があります。業種か業態かという区分です。

　最近のビジネスは業種型から業態型へシフトしだしているといわれています。業種とは日経株式欄での区分けで見られるように、「何を売っているか」がわかるということです。つまり、企業側が売っている商品やサービスを会社の名前などによってわかりやすくしているという切り口が業種発想といえます。供給不足で需要が伸び続けている社会では、顧客にとって業種的切り口は大変役に立っていたのです。

　ところが、需要が減少していく社会では、企業側が顧客を探さなくてはならなくなります。そのため、顧客はどこにいるか、どんな顧客をターゲットにしたいかなど、企業側が顧客の顔を明確に示さなければならなくなりました。

　業態型ビルの一例が**図表51**に示すようなケースです。簡単に言えば、**大量に靴を作って顧客に買ってもらう時代ではなく、自社の存在価値を重視してターゲットがどこにいるかを考え、その人に**

合った靴を作って、ターゲット層へ提供していくという社会に近づいているということなのです。

あらゆるビジネスが業態化しているというのは、企業が「何を売っているか」ではなく、「誰に売っているか」という事業展開こそが顧客の需要に結びついてくるからです。まさに、需要創造型が主力となりだしていることがわかります。

図表51 需要創造型＝業態型ビルの一例

インテリジェントビル	従来の室空間と設備以外に通信機能と快適環境を加えたうえ、利用時間に制限時間がないオフィスビル
スペシャルビル	医療ビル・コンサルタントビル・カタカナ職業人ビルのように専門家が入居し、入居各社のネットワークが明確に組織されているため、ビルの存在自体が営業力を持つ専門家ビル
マーケティングビル	各社のショールームを集めて発表するショールームビルのように業種を絞ったうえ、1社ではやれないことを集団の力で可能にする展示ビル
インキュベーションビル	これから事業展開を図る、いわゆるニュービジネス事業家を集めたエッグビル

衰退してきたC社事業

関西の都心部で旅館を営んでいるC社があります。新しい近代的なビルの狭間でひっそりと経営をしてきました。立地的には駅に近く、旅館の横には小川が流れており、落ち着いた雰囲気を醸し出しています。

最盛期には、関西方面に来る旅行客には人気があり繁盛してきましたが、あらゆる業態の宿泊施設の誕生とともに下降線をたどっていきました。人件費を削ったり、設備の改修を延ばしたりして資金ショートを免れてきましたが、最近では赤字幅が一向に改善できない状態が続いていたのです。

そのうえ、C社の経営者も、女将として実質的に旅館運営の指揮

者であった経営者の妻も年齢を重ねてしまい、今までのように無理がききません。社員数を減らしてきたため、経営者の仕事は増えるばかりです。もし、自分たちのどちらかに万が一の事態が起こると、C社は倒産の危機に陥ります。

　後継者として予定していた長男は、小さい頃からの趣味であるテニスに夢中になり、テニスのインストラクターの資格も取ってテニススクールで働いています。おそらくこの旅館を継いでくれる可能性はないでしょう。

　そうなると、C社の経営している旅館の敷地を早めに売却して借入金を返済した方が良いのではないかとC社社長（以下、C氏）は考えました。今なら売却した資金で借入金を完済し、老後の資金も少しは残せるのではないかと判断したのです。

　ところが、C社の所有地は戦後間もなくの1955年に購入したもので、都心部でもあり、その後の地価の上昇によって相当の含み益が生じています。そうすると、この売却益に対して法人税などが課税されます。直近数年の赤字を繰越欠損金として活用することはできますが、売却益の1割程度の影響しかありません。

　そのうえ、残った資金はC社の所有であり、C氏ら個人のものではないのです。退職金などを支払うことで節税するとともに、個人に資金に移動させることは可能です。ただ、C氏自身も単純に売却して税金を支払って老後の生活資金を確保するという手法は、経営者の判断として正しいのかどうかで悩みだしていました。

事業と立地のミスマッチ

　企業が自社所有地を上手に活かせない状態に陥ると、当然ROA比率の減少につながります。土地の価値が活かせないと収益力が低

下し、結局、価値が下がり、価格が下がるという負の循環サイクルに入り込むからです。

そのためには、通常は早めに売却して負債を返済していく方法が採られます。ところがC社の場合には、この土地を売却して清算すると、企業としての継続を捨てるということと同じになります。

もちろん、C社ごと売却（C社の旅館という営業権ではなく、敷地である土地の価値を評価するという不動産M＆A）して、株主であるC氏に資金を移すとともに第三者によってC社を継続してもらうことは可能です。

ただ、今まで自分たちが事業として支えてきたC社という器に対する未練がなかったわけではないのです。長男と話していても自分はテニスを生涯の仕事と決めているため旅館業のC社を継ぐ気はなく、この土地の面積ではテニス関係の施設を作るだけの余裕もありません。

C氏は、「立地と事業内容が合致しなくなったら、立地を変えるか事業内容を変えるか、あるいは、立地も事業内容も変えて新しい仕組みを構築する方法がある」と書かれていた不動産活用戦略の書籍を読む機会を得ました。

長男は、テニスに関係しているなら一生の仕事にしてもよいと考えています。C社を継がないのはC社が旅館業をやっているから継がないのであって、C社に問題があるのではないと考え直したのです。

そこで旅館業からテニス練習場に業種を変えていくならば、100年ほど続くC社を継いでくれるのではと戦略を変更しました。そうすると、この立地でテニス練習場事業を運営することは立地的にも面積的にも合いません。逆に言えば、テニス練習場が可能な立地にシフトすることで、C社を守り続けていけるのではないかと事業ゾーンを広げていったのです。

法人税法の買換え特例の適用

　法人税法には、「特定資産の買換えの圧縮記帳」という制度があります。会社が特定の固定資産を売却し、一定期間内に特定の固定資産を取得して事業の用に供すれば、**図表52**のような計算によって売却益の80％は課税の繰り延べができることとされています。

図表52　法人税の圧縮限度額の計算(売却年度で買換資産の取得をした場合)

$$（圧縮基礎取得価額 \text{注①}） \times （差益割合 \text{注②}） \times 80\%$$

注）1　買換資産の取得価額と譲渡資産の対価の額とのうちいずれか少ない金額
注）2　差益割合は次の算式により計算します。

$$差益割合 = \frac{譲渡資産の譲渡対価の額 - （譲渡資産の譲渡直前の簿価 + 譲渡経費の額）}{譲渡資産の譲渡対価の額}$$

※譲渡経費に含まれるもの
①譲渡に要したあっせん手数料、謝礼
②譲渡資産が建物である場合の借家人に対して支払った立退き料
③譲渡資産を相手方に引き渡すために支出した運搬、修繕等の費用
④土地等の上にある資産または建物内に施設されている資産を契約の一環として若しくは譲渡のために取り壊し又は除去した場合の取り壊しまたは除去により生ずる損失の額（取得価額に算入されるものは除く）

　特に、**図表53**のような「長期保有土地から土地供給を促すための土地等を中心とする買換え」は、Ｃ社の土地の買換え実行には利用しやすい制度です。売却資産も購入資産も「日本国内にある土地・建物」とされているため、極端に言えばどこでもいいからです。

図表53 法人税法の買換え圧縮記帳（簡易規定）

目　的	長期保有土地からの土地供給を促すための土地等を中心とする買換え
売却資産	国内にある土地等、建物又は構築物で、取得した日から譲渡日の属する年の1月1日において引き続き10年超所有されたもの
購入資産	国内にある土地等、又は駐車場用地で面積が300㎡以上のもの、建物、構築物

　Ｃ社は税法の「特定資産の買換えの圧縮記帳」という制度をフル稼働することとしました。売却益課税の繰り延べを図り、資金余剰を増やしながら、テニス練習場に見合った条件に合致する土地を探すこととしたのです。Ｃ氏の長男ももちろん大賛成です。一気にＣ社の継続条件が整ってきました。簡単に図で示すと**図表54**のようになります。

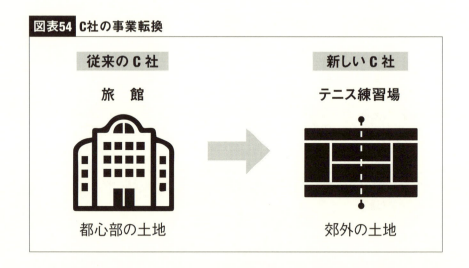

図表54 Ｃ社の事業転換

　税法の買換え条件の中には、**図表55**のように、売却と購入の時期の判定もあります。Ｃ社の立地は賃貸ビルなどの立地としては適していますので、買い手はすぐにつくはずです。したがって、まず

テニス練習場に向いている郊外の土地の情報に力を入れることとなりました。

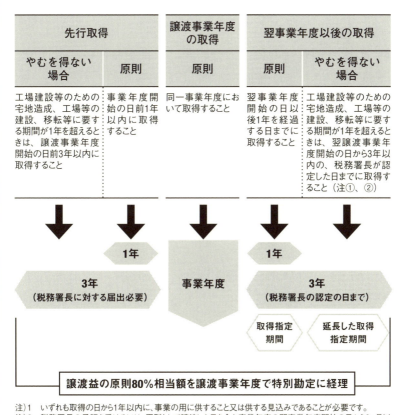

図表55　買換え資産時期の検討表

また、買換え特例の適用を受けられる土地の面積は売却する土地の面積の5倍が上限とされています。したがって、安い土地をできるだけ広くというわけにはいきません。簡単に言えば、売却する土

地の坪単価の20％以上の坪単価でテニス練習場に向いた土地を探すことになります。

土地と事業の転換

　C社の土地は、予想通りすぐに買い手企業が複数現れました。旅館建物の取り壊し費の負担は買い手に依頼するという条件でしたが、ほとんどが土地の更地価額で打診してきたのです。

　郊外の中心都市へ向かう幹線道路から1本入った生活道路沿いにテニス練習場として活用できそうな土地が見つかったのは、C氏が方向性を定めてから4ヶ月が経っていました。

　売却した資金の一部で既存の借入債務を返済し、C社の残っていたベテラン幹部社員に退職金を支給しました。残りの資金を新しく購入する土地とクラブハウスの建築資金に振り向けることになったのです。

　C氏は売却価額の全てを購入資金に充当したわけではありません。そのうえ、圧縮記帳として売却益から控除できる金額は80％です。したがって、差額については法人税等の課税対象となるのですが、過去の繰越欠損金と当期の退職金などによってほとんど相殺できる目途がつきました。

　C氏は、C社の本店所在地を変更するとともに代表権も長男に譲り、C社株式も評価が下がっているこの時期に贈与することとしました。長男はC社を継承すると決めた4ヶ月前から単なるテニスのレッスンプロではなく、テニス練習場の経営者としての考え方に変わるべく、買換えの実行交渉からテニス練習場のオープンに至るまで見事な活躍ぶりを示しました。

　幸いにして長男には基本的なリーダーシップが備わっていたこと

もあり、テニス仲間の支援を受けたり、顧客拡大へのサポート陣も数多く集まってくれたのです。

不動産と事業のミスマッチと後継者問題から生じたC社の危機は、土地を近隣郊外にシフトすることで「特定資産の買換えの圧縮記帳制度」を活用して余剰資金を増やし、旅館業をテニス練習場に事業シフトすることで、「業務のプロフェッショナル」と「C社の後継者」を同時に見つけることができたのです。

立地と事業のバランスチェックを行う場合には、図表56のようなポジショニングマトリクスを作成することとなります。C社は図表54のように、新たな不動産活用手法を見出して企業の継承につなげることとなったのです（図表56⑥）。

図表56 自社のポジショニングMAP

事業内容	既存事業	
	時代に合わない	立地に合わない
事業内容は社会にも自社にも重要	①業種から業態・個態へシフト 継続できる条件を自社の経営資源から見つけ直して商品構成の変更や新しい時代に合った売り方へシフトする	③事業に合った土地へシフト 土地をシフトして既存の事業を継続していくための新しい仕組みを構築
		④立地に合った事業へシフト 既存の業種を捨てて、この土地に合った新しい事業（業種・業態）へ進出
自社は継続したいが、事業内容には魅力がなくなっている	②計画的な清算又はM&Aの検討 早めに清算などの決断を下し、生活余力を生み出していく 後継者がいる場合には、後継者の意見を重視することがベター	⑤土地は売却（又はM&A）、事業は清算 会社が土地を売却して株主が生活資金を得るための早めの決断
		⑥土地も事業もシフトして企業継承 後継者の考える新規事業に向いている土地に買い換えをして継続を目指す

Case study 4

自社ビル活用における投資リターンの考え方

自社ビルへの投資に対する正しい検証を行うことによって
不動産活用法を変えて再生したD社のケース

使用価値を生みだす2つのポイント

　20世紀の日本社会では「含み益経営」が成長の一翼を担っていました。含み益経営を突き詰めて考えると、人口の増加に伴う経済成長（消費の増加、労働者の増加、不動産価格の上昇による資金調達の容易さなど）が土台となっていたことがわかります。

　本来、価格は、価値のレベルアップの後を追って上昇していきます。価値のレベルアップとは、顧客（需要・ニーズ）のレベルアップであり、欲求度の高まりということでもあります。

　不動産も、いかに上手に活用されるかという使用価値の高まりの結果が、その価格に反映されてきました。いかに上手に活用されるかというのは、その土地がある一定の期間でどのくらいの収益力を上げ得るかということです。そのためには、2つの重要なポイントを理解しておかなくてはなりません。

　1つめのポイントは、**不動産活用として展開していくビジネスが立地とフィットしているか**ということです。この立地だからこそのビジネスが存在するということは、不動産活用の絶対条件でもあります。20世紀型の主役であった立地環境型ビジネスが成立する条件は、その土地にどれだけ足を運んでくれる人がいるかということでした。市場調査や商圏設定、あるいは、競合相手の検証などの現状分析は、立地環境型ビジネスに欠かせないマーケティングデータでもあったのです。

　ところが、21世紀型の不動産活用は立地環境型モデルから需要創造型ビジネスへと変化してきました。その原因は単純です。経済活動の高度化やグローバル化、あるいはインターネットなどの情報分野の伸長に伴い、大抵のモノやコトは誰でも簡単に手に入るようになったのが大きな理由でしょう。

そのうえ、それらは浸透してしまい、自分だけの価値（goods）以外はあまり意味を持たなくなってきました。さらに、立地環境型の主役であった消費人口・労働人口の減少が、大きな障害になってきているのです。

土地が脇役の時代

　消費人口とは、生産人口、労働人口といわれる15〜65歳人口のことで、すでに日本では1995年にピークアウトを迎えています。1945年の4,182万人が1995年の8,716万人でピークを迎え、2065年には4,529万人にまで減少していくとされています。

　つまり消費人口は、わずか70年でピーク時から半減してしまうのです。192ページの**図表50**のようにビールの消費量を始めとして、物量的減少はほとんどが95年以降に起こっていることを理解しておかなくてはなりません。したがって、目の前を通行人が何人通っているから市場があるなどという立地環境型ビジネスは、すでに困難な時代となりだしているのです。

　そうすると、土地の立地そのものより、誰が、何のために、誰に対して、どんな事業を行うのか、が重要になってきます。**「土地」より「何のために」「誰が」「誰に」「何を」の方が重要で、土地はその脇役でしかなくなる**ということです。

　立地環境型ビジネスと需要創造型ビジネスの違いは、まさにこの点にあります。**不動産は、立地環境型社会では主役だったのに対し、需要創造型社会では脇役に回ります。**

　そこでもう1つのポイントとなるのは、**不動産の上で展開していく事業そのものが社会に合っており、同時に未来の社会にも貢献できる事業であるか否かがより重要になってきている**ということです。

なぜならば、不動産の上手な活用とは継続的な事業が営まれているという前提の下でしか成立しません。今までのように、借り手が退去したら新しい借り手が続々と生まれてくるという社会ではないからです。

　つまり、不動産の問題ではなく、事業性（社会的事業）の問題なのです。本社としての自己活用でも、工場や倉庫としての利用でも、あるいは、他者への賃貸であろうと、その**土地を活かせるかどうかは、継続した事業性があるか否か**が最大の問題になってきているのです。

　こうして見ると、2つのポイントから21世紀型の不動産の活かし方が見えてきます。主役である事業を活かすために脇役としてどういう立場に立てるかということです。

　20世紀のモノ価値の時代のバックボーンは人口増でした。そのおかげでモノ価値の1つでもある不動産も主役として成長してきたのです。しかし、**21世紀はヒト価値の時代です。不動産も脇役としての生き方へ意識を変化させなければ、上手な活用法につながらなくなってきた**のです。

所有不動産の自社活用の課題

　企業の規模にかかわらず、自社ビルにこだわる企業は数多く存在します。なぜ自社ビルにこだわるのでしょうか。

　家賃は消えていくが自社ビルなら資産として残る、自社（本社）ビルを所有することで取引上のメリットが生じる、金融機関からの資金調達において有利である、優秀な社員を集めやすい、自社ビルを購入・建築することは企業ステータスの第一歩である、など様々なこだわりの理由が挙げられます。確かに、20世紀の人口増加社

会においては間違いではありませんでした。

　ただ、自社ビルを所有するか否かにかかわらず、質の高い製品やサービスを提供している企業にはお客様は集まります。金融機関は借り手として期待し、良質な社員も応募してきます。

　いまだに本社ビルがステータスなどという考え方をしている社長が率いる企業は、危うい会社と思われかねません。日本人特有の所有意識（こだわり）という言い方もできますが、要は、相変わらず量や形にこだわる意識から脱却できないだけだということです。

　本社を自社所有するということは、その不動産の有効活用を見え難くしてしまうことに気を付けなければなりません。たとえば、東京の青山通りなどのメイン通りに面している土地には、相続で取得した狭小地の個人所有地が数多くあります。さらに、その土地に数階から10数階程度のペンシルビルを建て、1階はその敷地の所有者が自ら事業を行っています。

　個人事業なら事業所得となりますが、当然ながら不動産賃借料は発生していません。なぜなら、自分の土地・建物だからです。

　一方、節税のために設立した法人事業なら個人所有者に適正な（ここでは税法上でいう適正な価格ではなく、できるだけ土地を上手に活用するという意味での適正な価格のこと）家賃を払わなくてはなりません。

　ところがほとんどのケースでは、税金の有利・不利から家賃を決定している（経営状況に合わせた家賃設定）ため、不動産の価値を引下げかねません。不動産の価値は収益力で決定するため、事業経営に合わせた家賃では価値を下げることとなり、有効活用とはいえなくなるからです。

　自ら所有している不動産なら余程のことがない限り、第三者に賃貸した方が土地の価値を高めていくはずです（不動産経営者と事業

経営者は別の感性・感覚・勘や経験・慣性という5Kがあるからです。優れた不動産経営者で、かつ、優れた事業経営者にはなかなか出会えないのもその理由です)。

つまり、相続などにより土地を引き継いだコスト意識のない個人所有者にありがちな不動産活用法と同じ思考ルートを通ってしまうのが、自社所有不動産の本社活用のケースに多いといえるでしょう。

非常時バランスシートの作成法

D社はバブル崩壊後、一気に業績が下降してきました。いつの時代でも事業の縮小戦略を進めるに際しては、次のような5つの原則を理解しておかなくてはなりません。

① そのビジネスは今後どのような展開をすれば生き残っていく可能性があるのかの見極め
② 整理・清算することによる資金と利益の動向と、事業を継続していくことによる資金と利益の動向(比較表)の数値化
③ 縮小を図ることで生き残れる場合には、現在の経営資源の何を活かして何を捨てていくかの分別
④ 経営者の姿勢と幹部社員の考え方の統一、及び新しい組織マネジメントの確立
⑤ 良質な経営資源のピックアップと時代に合った付加価値の組み合わせ

縮小戦略を進めるためには、D社は通常の「決算用貸借対照表」の作成と同時に、「非常時貸借対照表」を作成する必要があります。非常時貸借対照表とは、D社をこの時点で清算させるとどれだけの

資金化が図れ、どのくらいの負債を返済することができるのかを一目瞭然に検証するための時価バランスシートのことです。

たとえば、**図表57**のバランスシートでは、通常の決算貸借対照表なら資産合計が5億円、負債合計が4億5,000万円のため、純資産は5,000万円となります。ところが、非常時バランスシートでは、純資産はマイナス1億円になってしまいます。

図表57 非常時バランスシートとその見方

(単位：万円)

項目	簿価	時価	項目	簿価	時価
現預金	1,000	1,000	買掛金	3,200	3,200
売掛金	3,500	3,150	未払費用	2,600	2,600
商品	3,000	2,550	リース債務	2,500	3,500
貸付金	500	100	未払退職金	0	4,000
土地	21,600	17,000	借入金	28,000	28,000
建物	16,900	13,000	社債	8,700	8,700
車両	1,000	700			
リース資産	2,500	2,500			
繰延資産		0			
資産合計	50,000	40,000	負債合計	45,000	50,000

時価バランスシートの各項目の修正事項は、基本的にすぐに現金化するといくらくらいの資金を生むことができるかどうかというポイントからチェックします。

たとえば、土地は帳簿価額（つまり購入金額）が2億1,600万円ですが、売却すると手取りが1億7,000万円にしかならないということです。さらに、売却できる金額ではなく、手数料を差し引かれた手取り（資金化）金額を把握しておかなくてはなりません。

上記のケースなら資金化できるのは合計で4億円ですが、おそらく借入金の2億8,000万円は不動産担保が付与されています。土地・建物の売却資金3億円は優先的に金融機関に返済され、未払退職金や未払給与なども優先債権になります。したがって、一般債権の回収率（破産配当率）は20％程度になるはずです。

過去の含み益経営に頼っている時代では、会社の業績が悪化しても不動産などが帳簿価額より必ず上昇していました。そのため、再建計画も立てやすかったといえます。
　ところが昨今では、ほとんどが**図表57**のようなケースに該当してしまっています。したがって、不動産を所有している企業や個人は、その不動産がどれだけのリターン（価値増加）を稼ぎ出しているかという1点に絞り込んだ不動産戦略が必要なのです（この場合のリターン率の分母は時価になります）。

本社活用の判断基準

　D社は本社ビルを所有していました。本社建物とその敷地の時価が**図表57**のように仮に3億円だとすると、この不動産からどのくらいのリターンを上げればよいのでしょう。おおよそのグロスリターンを10％とすると、年間3,000万円——つまり、年間で3,000万円以上の家賃収入を得ているか、逆に言えば、現在3,000万円以上の家賃を支払って本社ビルとして利用しているという前提に立つことが重要——ということになります。
　そのため、次の4つの事業計画シミュレーションを行うこととなりました。

① 一部を賃貸して残りを本社ビルとして活用する
② 本社を移転して全館を賃貸する
③ 本社を移転して本社ビルを売却する
④ 本社を移転して全館で自社が新規事業を行う

　事業計画シミュレーションの最低ラインは、不動産の時価をベー

スとしたグロスリターン3,000万円です。つまり①のケースの場合、たとえば、本社分と賃貸分が50％ずつだとすると、本社事業部は1,500万円以上の家賃を払えるビジネスモデルの構築が必要なうえ、賃貸部分から1,500万円以上の家賃収入が得られなければなりません。

　②のケースなら、通常は年間3,000万円の家賃収入があれば基本的にはOKです。ただ、事業縮小を図っているならば、移転した本社の賃借料の負担もこの不動産から上げられるかという検討をすべきです。

　③のケースは、本社ビルを近隣に移転した場合、売却することのイメージダウンが相当見込まれるため、できるだけ上手な活用法を優先することが望まれます。

　最後の④のケースでは、事業縮小を図っているD社にとって、人材投入、コスト負担などの他、時間的制約も考えると無理であろうと結論付けられました。D社の企画部には能力の高い人材がいたことから、良質な経営資源としての新規事業の立ち上げも考えていたのです。

　③のような売却（買換えも含む）も不動産活用の1つです。自社で上手に活用できない不動産ならば売却し、上手に活用してもらえる不動産オーナーを探すのは「理」にかなっています。あるいは、借入金負担が多くてキャッシュフローに難があるならば、借入金の返済のための売却もあり得ます。いずれにしても、不動産オーナーの判断次第で活用法は変わるということです。

　D社にとっては①や②を選択するにしても、不動産の立地を活かすというより、どんな事業が今後の社会に必要で、そのためにこの立地とこの規模の建物を活かしてくれる業種・業態は何かという視点が必要となります。

したがって、調査・企画の前提となるオーナー要因、社会要因、環境要因、立地要因という**4つの要因分析の中でも、オーナー要因と社会要因の分析が重要**になってくるのです。

オーナー要因と社会要因のまとめ方

　たとえばD社の場合、オーナー要因と社会要因の分析をピックアップすると次のような項目が挙げられました。

オーナー要因のピックアップ
① 基本的には自社ビルから本店を移転したい。ただし、移転先は近隣を考えている。
② 本社ビルからの賃貸料収入を事業の1つとして捉えていきたい。つまり、売却は考えていない（売却によるマイナス効果が大きい）。
③ 地域密着型企業としての実績があり、今後もこの地域ブランドを活かしていくために、ビル経営も地域イメージを大切にしたい。
④ 建物は少し変形だが、できるだけコスト負担なく現状のまま賃貸したい。
⑤ 1階だけは自社で活用し、2階以上を他のテナントに賃貸するような手法が可能かどうかも知りたい。
⑥ この建物を活かして新規事業の展開を図り、事業縮小に対する打開策とすることが可能かを知りたい。

社会要因のピックアップ
① 人口は短期的には増加している地域であり、平均年齢も県の平均より低い。
② 地域には大型プロジェクトが多くあり、今後はベッドタウン化する傾向が見られる。
③ 一世帯1台を超える車両保有率で、自動車生活圏と考えられる。
④ 持家と賃借がほぼ同数だが、定期借地権や定期借家権の活用が伸びている。
⑤ 生産緑地法などの農業に関する法改正の方向がある。
⑥ 経済全体の方向性だけではなく、本業そのものの回復傾向の改善に大きな変化を見つけにくい。

　不動産所有者が企業で、かつ、建物の再活性化を考える場合には、オーナー要因は「本質的な要望をまとめあげる」ことが重要になります。企業所有者のケースでは、基本的な考え方は決定しています。要は、売るか、使うかを考えるにあたっての判断基準としてのシミュレーションデータがほしいということです。したがって、そのポイントを列挙して確認していくことが大切になります。

　一方の社会要因からは、立地と建物構造に向いている成長可能な業種・業態を見つけるために必要な資料の洗い出しが必要になります。

　図表58と**図表59**にオーナー要因と社会要因のそれぞれの分析と、問題点の抽出の一部を簡単にまとめておきました。オーナー要因では、不動産所有者であるD社の考え方の整理、社会要因からはD地における需要層がどの方向にあるかという視点から検討していることがわかるでしょう。

図表58　D社のオーナー要因の分析及び問題点の抽出

① ビルの部分的自社使用はイメージの低下を招く

　現在、ビルの全館を本社として自己使用しているので、本社部分の使用面積の縮小は、周囲から見ると、事業縮小や撤退のイメージを受けてしまいます。地域密着型で事業を行ってきたD社にとっては、周辺地域に住む人々に対してのイメージは非常に重要な条件です。

　中途半端な使用方法を採らず、全館自社使用するか、又は全館賃貸するかのどちらかの方法を採ることがベターと考えられます。

② 近隣地区に進出することは発展的だが、解決しておかなければならない課題も生じる

　これからの事業発展に向け、顧客のより一層の拡大を考えなければならないD社にとって、地域の中心都市である近隣地区への進出は好ましいと思われます。ただ、その前にやるべきことや問題点も生じています。

　まず、現在の地区において手狭になったといえるだけの営業政策が実行できているか否か。第2に、近隣地区に移転した場合、現地域における会社の地位やイメージをそのまま確保できるだけの体制が整えてあるのか。第3に、ビルの賃貸事業を採算ベースに乗せることができるのか、などを事前に検証しておくべきです。

③ ノウハウを持たない新規事業はなるべく避けた方がよい

　新規事業展開にかなり期待をかけておられるようですが、よほどの成功の確信と裏付け、そして事業の安定性がない限り、ノウハウのない事業は始めない方がよいでしょう。どんな事業もそうですが、新規事業には手間も時間もコストもかかります。中途半端ではできません。

　仮に、力を注いで成功したとしても、本業の方が空白になってしまっては何にもなりません。できることなら、少なくとも本業に関連したノウハウのある事業を新規事業として進めるべきです。その方が成功の可能性も高くなり、その事業が発展していけば本業の方ともリンクして相乗効果をもたらすようになるはずです。

④ 建物形状が変更できないため、テナント出店に対してかなりの制限を受ける

　現状のままの使用を希望されているため、一般的テナントの出店条件にはほとんど合いません。このビルの場合は、上層部への導入路が裏口になってしまったり、1、2階が内階段（メゾネット）のため、分割使用は非常に厳しい状態です。

図表59　D社の社会要因の分析及び問題点の抽出

① 周辺地区の人口増の期待ができる

　大型プロジェクトなど「F」地区を中心とした開発計画があり、F周辺はますます活性化していきます。その活性化に伴い、「H」地区も発展していくことでしょう。

　ただし、中枢機能や商業関係は「F」に集中すると思われますので、「H」においては同じ機能を求めることは不可能です。今後はより住居地区化していくと思われますので、最寄品を扱う店舗の需要はかなり増えると推定できます。

② F駅前よりも県道K—K線の方が先に活性化される

　鉄道が発達していないせいもあり、この周辺は完全に自動車生活圏です。そのため、ロードサイド型といわれる、いわゆる車客を対象とした店舗が発達しやすく、現在その兆候も現れてきています。

　ロードサイド型ビジネスは、まだ過密化されていない地区においては大いに力を発揮します。車を使用することにより商圏が広がり、トータル的な商圏人口が過密地区におけるビルイン型のターゲット商圏人口と変わらなくなります。さらに、車を利用するので大量の物や重い物等も運ぶことができ、売上高はロードサイド型の方が多いケースもあります。

テナントミックスの調査

　D社ビルは、基本線はコスト面なども考えると4フロアの一括貸しが理想です。ただし、次のような4つの環境要因と4つの立地要因を加味してテナントミックスに重点を置くこととなりました。

4つの環境要因　①成熟度の期待性はある
　　　　　　　②現状の人口は少ない
　　　　　　　③オフィス需要はない
　　　　　　　④2階以上の店舗出店は難しい

4つの立地要因　①立地のポテンシャルは高い
　　　　　　　②アイキャッチが悪い
　　　　　　　③現状の事業的ポテンシャルは低い
　　　　　　　④集客力向上の期待は薄い

　テナントミックスは、各業種の条件を把握しながら、それぞれのテナントが互いの相乗効果も期待し、イメージアップにつながるものでなければなりません。そのためには、数多くのテナント情報の収集が必要なうえ、業界動向も考慮しておく必要があります。

　テナントミックスには**図表60**のように7つの条件があり、同時に、**図表61**のようにテナント側からの判断基準も8つあります。具体的にはテナント側条件を座標軸としたグラフによってオーナー側条件の設定範囲を明確にし、さらに、そのグラフに条件の類似した各種テナントを位置づけていく手法を採用していくこととなるでしょう。

図表60　テナントミックスの条件

条件の分類	内容
①業種条件	あらかじめ業種の指定があるか
②テナント条件	あらかじめテナントの指定があるか
③収益物件	賃料・投資額等の希望はあるか
④イメージ条件	トレンディか定番か、高級化か一般化か
⑤敷地・施設条件	敷地の面積・地形・接道・施設の面積構成
⑥ターゲット条件	老・若・男・女、収入の高低、顧客対象はどこか
⑦運営条件	誰がどの部分をどのような形態で運営するか

図表61　テナント側の出店基準

A	高級化	⇔	大衆化
B	個別化（個性化）	⇔	一般化
C	高年齢化	⇔	低年齢化
D	男性向	⇔	女性向
E	大面積	⇔	小面積（使用面積）
F	高賃料	⇔	低賃料（契約面積）
G	顧客密度大	⇔	顧客密度小
H	利便性大	⇔	利便性小

D社ビルのケースでは、設定範囲内にあるテナントとして、美容室、家電販売店、コンビニエンスストア、ブックストア、めがねショップ、学習塾の6業種がピックアップされました。この組み合わせによって最低目標ラインの家賃設定交渉を行っていくというわけです。

「企業の購入する本社ビル」と「個人の購入する自宅」は、当初において次のような3つの考え方で購入基準を決定していかなくてはなりません。

① 貸すならどのくらいのリターンが発生するかを考える
② リターンが適正ならキャッシュフローの安全性を確かめる
③ 借入金依存度は10ヶ年計画で50％程度を上限とする

　含み益経営からの脱却には、収益力とキャッシュフローを意識した投資判断をすることしかありません。D社は本社を近隣に移転して、何とか目標の最低ラインの収益確保に目途を立てることができました。

Case study 5
地域活性化としての事業用定期借地権の活かし方

所有者、利用者、顧客、地域社会など、
全員が win-win になる手法を提案した E 社のケース

CREとは「不動産の利用・使用」

　CRE（Corporate Real Estate）戦略の不動産活用には、本書冒頭の口絵**図表1**のように大別して4つのパターン（狭義の不動産有効活用・現状維持・売却・定期借地権）があります。ここで注意しておきたいのは、CRE戦略は全ての企業にとって重要なキーワードになっているということです。

　たまに、当社は不動産を所有していないからCRE戦略とは無縁である、と考えておられる経営者も存在します。基本的に、人間は不動産の上で生活しており、同様にヒトで構成される企業も不動産の上で成り立っています。したがって、不動産に関わっていない企業は皆無と言ってもいいでしょう。

　実際、**CREとは、「企業が利用・使用する全ての不動産」という捉え方**をされています。「利用や使用」であって、「所有や保有」だけを言っているわけではありません。つまり、どういう借り方をしている不動産か、あるいは不動産の賃借方法が適正かどうかという視点もCRE戦略の範疇に入っているのです。まさにCRE戦略は経営戦略の一部であることがわかるでしょう。

　ちなみに、土地の所有が有利か否かについては、**図表62**の国土交通省による「土地所有・利用状況に関する企業行動調査」をみると、その時々の社会状況によって真っ二つに分かれています。また、それぞれの理由も年度によって異なっていますが、いずれにしても、CREの意図する「所有や利用」という意味での本質は変わっていません。

図表62 土地の所有・賃借に関する意識（平成29年度「土地所有・利用状況に関する意向調査」概要（国土交通省））

Case study 5　地域活性化としての事業用定期借地権の活かし方

①今後の土地所有者の有利性についての意識

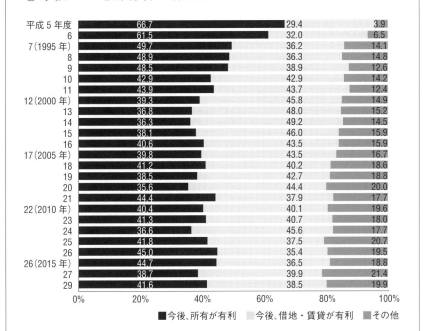

②今後、所有が有利になる理由（複数回答）

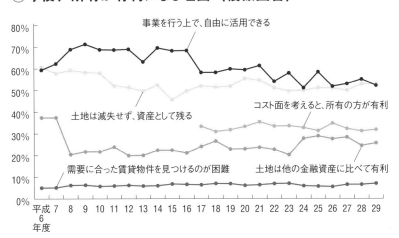

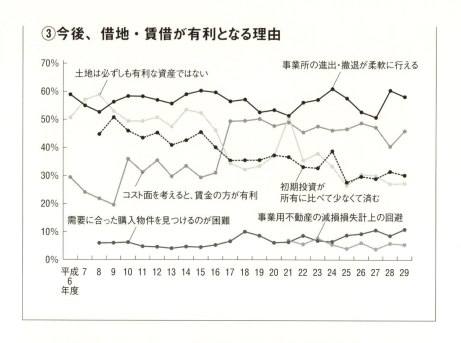

③今後、借地・賃借が有利となる理由

土地を所有していない企業の土地活用

　そこで、4つの手法から土地を所有していない企業でも不動産活用ができる事業用定期借地権のケースを取り上げてみましょう。

　事業用定期借地権は、都心部や郊外などといった様々な立地で利用されてきました。なかでもロードサイド立地は、従来の建設協力金スタイルから事業用定期借地権にシフトされだしています。
　事業用定期借地権は複数の土地所有者がいることで利用制限を受けていたような土地に光が当たったという点からも、画期的であったと言えます。つまり、権利関係が複雑であったことで処分しづらかった不動産（負動産）を活性化させる起爆剤が、事業用定期借地権というわけです。
　それも、単に土地所有者にメリットを与えたというだけではあり

ません。定期借地権者である企業、その企業の顧客、ひいては地域社会や町の活性化にもつながっていくからです。

使えなかった土地の活用

　郊外にある山間部が今回の舞台です。山間部の多くは雑種地で、ほとんど利用されることもないまま荒地になっているケースが数多くあります。それも1人で広い雑種地を所有しているのではなく、数多くの地元住民が所有することで、権利関係が複雑に交差しているのです。

　こうした土地の所有者は個別に売却することも難しく、その結果、相続などが発生するとさらに枝分かれしていきます。先祖代々からの土地とはいえ、「負動産」化している典型的なケースでしょう。

　一定のエリアに制限してターゲットを見定めて展開しているE社があります。県内だけに特化した飲食チェーン店です。E社の店舗はロードサイド型ではありますが、どちらかというと、住居・商業併設地域が多く、生活道路沿いを主流としてきました。車だけではなく、自転車や徒歩による商圏も設定しているといってもよいでしょう。

　その結果、どうしても住宅の密集地への店舗展開が多くなり、山間部の顧客にはわざわざ車で20〜30分かけて来店していただいていました。E社はこうしたエリアへの出店も考えてきましたが、駐車場をしっかり確保するための地形や道路付けの良い広いスペースとはなかなか出会えませんでした。需要と供給がマッチしなかったのです。

複雑な所有者が一本化

　1988年（平成4年）に施行された借地借家法に基づき、定期借地権制度が誕生しました。特に**図表63**の事業用定期借地権では、①数多くの権利が交差している土地を現状のままにして、②一定期間内において定期借地権者が1社で、③複雑化している一体の土地の利用権を自由に使える権利を持つことができます。すぐに処分や活用しづらい土地を、当面は定期借地権者が自由に活かしていくことができるというわけです。

　過去においてE社は、土地所有者が店舗を建てて全て貸し出す建設協力金方式か、撤退した店舗をそのまま借り受けてリニューアルするという店舗戦略を採用してきました。そこで今回は、事業用定期借地権を活用することで、既存店にない店舗戦略を考えたのです。

　郊外のロードサイドを探すと、草が生い茂っている一帯がありました。謄本を調べると20数人が所有しており、長年にわたって相続以外での移転はありません。さらに、若干の固定資産税を支払っており、草刈りの当番義務まで発生しているようです。

　E社は早速、近隣の不動産市場に明るい地元の老舗不動産会社と連絡を取りました。地域一帯の地区リーダーを務める組合長を紹介してもらうためです。紹介を受けた組合長はこの雑種地の所有権者の1人でもありました。

図表63　3種類の定期借地権の内容（2017年現在）

項目＼種類	一般定期借地権	事業用借地権	建物譲渡特約付借地権
借地借家法	22条	23条	24条
存続期間	50年以上	10年以上50年未満	30年以上
利用目的	用途制限なし	事業用建物所有に限る（居住用は不可）	用途制限なし
契約方法	公正証書等の書面で行う (1) 契約の更新をしない (2) 存続期間の延長をしない (3) 建物の買い取り請求をしない という3つの特約を定める。	公正証書による設定契約をする	30年以上経過した時点で建物を相当の対価で地主に譲渡することを特約する。 口頭でも可能。
借地関係の終了	期間満了による	期間満了による	建物譲渡による
契約終了時の建物	原則として借地人は建物を取り壊して土地（更地）を返還する。	原則として借地人は建物を取り壊して土地（更地）を返還する。	(1) 建物は地主が買い取る。 (2) 建物は収去せず土地を返還する。 (3) 借地人又は借家人は継続して借家として住まうことができる。
借地権の譲渡	可能	可能	可能
考えられる用途	一戸建て住宅地・堅固な建物の商業施設やビルなど	テナントビルやオフィルビル、及びロードサイド店舗など	商業地・住宅地

注）最近の活用例では、アウトレットモールや超高層マンション建設、再開発事業や不動産証券化、中心市街地活性化などの手法と組み合わされています。

現状分析と提案内容

　E社からの地域や立地に対する現状分析（①〜④）と提案内容（⑤〜⑪）をまとめると、次のように絞ることができます。

【現状分析】
① 現状では、全く生産性のない土地です。逆に固定資産税や草刈りという義務が生じているため「負動産」になっています。
② 山間部の雑種地のままで放置されており、昼間でも薄暗く不用心であり、犯罪の温床になりやすいと思われます。
③ 近隣周辺の住民からも、電柱など照明器具を取り付けてほしいという要望が市役所に届いているという事実もあります。
④ 地域では人口の高齢化が進んでおり、車社会での生活を余儀なくされています。ところが、飲食店などの家族団欒の場があまりありません。

【提案内容】
⑤ 事業用定期借地権の設定によって、商業ゾーンとして土地を活かせることになります。その結果、地域に活気を取り戻すことが可能になるはずです。
⑥ 事業用定期借地権の設定は、20年間だけ利用させていただくという契約です。賃貸中は必ず地代収入が入金されます（1988年施行当時は10年以上20年未満とされていました）。
⑦ 公証人役場で公正証書を作成することとなります。法律の適用で20年経過後は、必ず土地は更地として戻ってくることとされています。
⑧ 地代の支払いは、現在の敷地の売却可能価額の年2〜3％を設

定し、1年ごとの前払い地代とします。これは事務処理、手続きの煩雑さを避けるとともに、先払い（土地所有者からみると前受け）によって、土地所有者全員に安心感を提供しようとするものです。また、地代は個別に支払うことはせず、地区組合長名義の口座へ振り込み、組合の会議の際に各所有者に支払うこととします。

⑨ 雑種地の整備や地下水溝の設営などに必要な800万円については、事業用定期借地権設定時に権利保証金として土地所有者に支払うこととします。したがって、土地オーナーが契約時において基本的に負担する費用は、せいぜい公正証書の作成に関する諸費用の一部だけです。

⑩ E社店舗は、近隣地域の住民にも浸透しています。したがって、今まで食事をするために駅近くの商業ゾーンまで足を運んでいましたが、今後は近隣で一家団欒の外食ができる場が生まれます。

⑪ 小さな商業集積地に変化させることで、山間部のランドマーク地として地域住民の「ハレ」の場を提供することとなります。

最大の目的は地域社会の活性化

E社社長がこだわったのは、単にE社のメリットだけを考えることだけではありません。地域社会に関わる全ての人が現状よりもメリットが受けられることになるかどうかという点でした。

今までにない制度を活用するのですから、誰でも不安があります。そのため、E社のメリットばかりを目的としたのでは不安を増加させることになります。E社店舗がこの土地を活かすことができるための工夫に加え、土地の所有者や地域の住民、ひいては地域社

会全体が活性化できるかどうかという視点からの土地活用の筋道を立てていったのです。

地域の中で生きている企業にとっては、地域が活性化することによってしか継続が見込めません。目先の利益を追求しているだけでは、社会から反発を買うことも事実なのです。

そうすると、賃借をベースとした不動産戦略も自社にとっての損得を考えるより、**地域社会にとっての損得を最初の判断基準に置いた方が、「継続」という成功への近道**にもなります。

地区組合長らに対するプレゼンテーションで最も関心を持たれたのは、E社が20年後も契約を継続してくれるのかということでした（当時の事業用定期借地権は最長が20年契約でした）。もちろん、E社としてもこの地で業績がアップしていくなら継続は可能です。可能というより、一旦消滅する定期借地権を再契約させていただきたいのは山々です。

ただ、定期借地権という制度ですので、地主側も「良い所取り」はできません。20年は約束するが、20年後は必ず契約は一旦消滅するという理解をしてもらっておかなくてはならないのです。

事業用借地権者のテナントミックス

数度にわたる話し合いの末に、E社と土地所有者全員が合意に至ることになりました。そこでE社は、店舗とテナントミックスが可能な業種を絞り込んで、出店に対するアプローチを不動産会社を通じて行うこととしました。

E社は過去において、自店舗の出店戦略は立案しても、自店舗敷地に他社店舗を導入していくというディベロッパー的な業務を行った経験はありません。ところが、今回は敷地が広すぎるため、土地

を上手に活用するために多店舗企業の誘致を一体として行うことが必要であると考えていたのです。

　その理由は、単に地代コストが高すぎるということではありません。本来なら収益力がほとんどない土地のため、地代コストも過去における1店舗の出店コストより相当下がっています。つまり、E社店舗だけでも損益分岐点は上がりません。

　テナントミックスの大きな意味は、商業集積地によってこのエリアをランドマークにするという点にあったからです。「地域住民が集まりやすい場の構築」という切り口が必要だったのです。

事業用借地権の応用

　いくつかの業種・業態をピックアップして、次ページの**図表64**のようなチェックポイントを整理し、出店候補店を絞り込みました。その結果、コンビニエンスストアと特定グッズを提供する雑貨店、鮮魚中心の地域の大型割烹店、地元の名産品メーカーの製販一体店、農産物の販売店などを導入することとなりました。

　コンビニエンスストアと名産品の製販一体店舗については、転貸型定期借地権、その他は定期借家権や一時使用としての賃貸借契約を結ぶこととしました。E社にとっても全く新しい事業スタイルによる店舗展開となったのです。

　その後も広く取ってある駐車場スペースでは、春と秋には地域のイベント祭りが開催され、地域の情報誌などにも掲載されるまでになっています。E社店舗も18年が経過して地域社会の中にしっかり溶け込み、お客様からの支持も順調に推移しています（2019年現在は、新たに事業用定期借地権を設定して継続しています）。

図表64 E社（定期借地権者）をコアとした場合のテナントミックスの考え方

① 業種条件	キーテナントが飲食店のため、物販・サービス・エンターティメント系に、異なる飲食系が中心	
② テナント条件	できるだけ地域密着型で展開しているチェーン系店舗を主力として考える	
③ 収益条件	イニシャルコストなどを下げることで、損益分岐点を低くする仕組みを作る	
④ イメージ条件	定番型・一般化・大衆化を中心とする店舗構成	
⑤ 敷地・施設条件	大規模面積、地形・接道良く、駐車場が広く取れるメリットを活かす	
⑥ ターゲット条件	老若幼男女など、ファミリー層（三世代で活用）を顧客対象とする店舗を導入する	
⑦ 運営条件	E社が借地権者となって、様々な店舗に応じた運営条件を設定する	

　自社が所有していない不動産の場合には、自社にとって必要であるかどうかという立地戦略から不動産を眺めます。自社にとって必要な不動産であると決定した後は、それをどうしたら社会や地域が認めてくれるのか、そのためにはどういう戦略を採ることがベターなのかという視点から考えてみることが重要なポイントになってくるのです。

Case study 6
不動産賃貸事業の
需要創造型ビジネスの発想法

空室となったビルを全く新しいスタイルで
需要を生み出し活性化させたF社とG社のケース

「考えて貸す」時代

　不動産の有効活用の分類の中に企画賃貸事業があります。企画賃貸事業とは、需要創造型ビジネスの類型で、さらに**図表65 ア）〜カ）**のように6つに分けることができます。

　自己活用事業が「自社（自分）で使う」、賃貸活用事業が「他社（他人）に貸す」のに対して、企画賃貸事業は「考えて貸す」ということになるでしょう。

　この場合の「考えて」とは、"時代"と"社会"の動きを的確に読み取り、その不動産の立地と時間帯という2つの分析を行うことです。これは賃貸活用事業の中の複合賃貸ビジネスで考えるテナントミックスにもつながります。

図表65　企画賃貸事業の分類

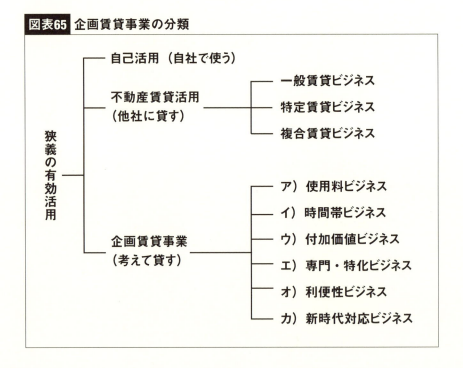

複合賃貸ビジネスにおいては、一連の土地や一棟ビルにいくつものテナントを導入する場合、全体のコンセプトを決めていかなければなりません。このコンセプトを決める際の「考え方」とほぼ同じだということです。

テナントミックスの4つの考え方

図表66に複合賃貸ビジネスのマトリクスをまとめました。簡単に言うと、「縦型」とは都心型であり、「横型」とはロードサイドなどの郊外型です。つまり、狭い土地の一棟ビルが縦型であり、広い土地の平屋のテナントミックスが横型ということです。

マトリクスの一方である「同業」とは同じ業種であり、「異業」は様々な業種の組み合わせということになります。「同」の組み合わせにはもちろん統一感がありますが、基本的には同じ業種が集まることに「何の意味」があるかが明確になっていなければなりません。**「何の意味」のベースは、1棟ビルやそのゾーンが入居したテナントに顧客を集客させる力があるかという切り口**です。あるいは、住居系なら同じ系の人たちが集まるだけの価値があるかということです。

図表66 複合賃貸ビジネスマトリクス（テナントミックスによる事業手法）

テナントミックス	縦型（都心型）	横型（郊外型）	キーワード
同業種	ラーメン博物館 音大生マンション サーファーアパート	医療モール 飲食店ゾーン コーポラティブハウス	ライフスタイル
異業種	コンセプトビル	商業集積ゾーン	コア店舗

「同」と「縦」の組み合わせなら、ラーメン博物館、音楽大学生専用マンション、サーファーアパート、専門家ビルなどが該当します。

一方、「同」と「横」の組み合わせなら、医療モール、飲食店ゾーン、コーポラティブ住宅などが当てはまるでしょう。**業務系なら「専門分野の統合化」、商業系なら「組み合わせの妙」、住居系なら「ライフスタイルに合った生活提案」がキー**になります。

「異」と「縦」の組み合わせでは、いかに雑居ビルなどにしないかが考えるベースになります。したがって、インキュベーションビルなどのようなコンセプトビルが中心軸になってきます。

「異」と「横」の場合には、コア店舗がゾーンの要になってきます。アミューズ（サービス）系と飲食系と物販系などを組み合わせる際にどれをコアにするかということです。このケースでは、**店舗の顧客に統一感が必要となります。統一感とは年齢層とか趣味などが近いことで、顧客が全店舗を利用できるようにすること**です。

マクドナルド（飲食）、セガ（サービス）、よむよむ（物販）や、ジョリーパスタ（飲食）、シダックス（サービス）、コンビニ（物販）などの組み合わせなどが典型的な例になります。これらは組み合わせの妙によって商圏を広げることにもつながっているのです。

マーケティングとイノベーションを考える

「考え方」という言葉の内容について複合賃貸事業のケースをピックアップしました。これらの「考え方」のベースが企画賃貸業につながってくるからです。

企画賃貸事業は、時代の要請により登場してきました。これには顧客不足という時代背景があります。社会の基本的な顧客は人口であり、特に生産年齢人口に集約されてきます。

したがって、企画賃貸業における需要創造とは、新しい価値を生み出して生産年齢人口に提供していくか、生産年齢人口以外の層に新しい価値をアプローチしていくかという選択になります。特に前者のケースでは、**図表6**（47ページ）のような21世紀社会の時代の要請する「善」がキーポイントになってくるのです。

心理学者で経営学者でもあるマズローは、「顧客満足」という言葉を生み出しました。ただし正確には、**「顧客満足は顧客不足の時代に生まれる」**と言っています。1995年に生産年齢人口がピークアウトした日本では、まさに顧客満足が求められ始めだしているのです。

この顧客満足と顧客創造こそがドラッガーのいうイノベーションとマーケティングであり、企画賃貸事業はこの2つを求めることを示しています。

企画賃貸事業の6つの分類

それでは**図表65**を詳しく解説していきましょう。

ア）使用料ビジネス

代表的なケースが駐車場ビジネスです。レンタル会議室、レンタルオフィス、ウィークリーマンション、マンスリーマンション、ショールーム、インキュベーションなどもこのタイプといえます。要は、賃貸借契約ではなく、使用料契約の仕組みを構築することです。

テナント顧客の自由度を広げて新しい付加価値を生み出すという発想です。駐車場ビジネスなどは同じ土地を2度売っているため、生産性が高まることになるのです。

イ）時間帯ビジネス

　使用料ビジネスが契約形態による分類であるのに対し、時間によって最も効率的な事業は何かという視点から分類するケースです。従来から個人として行われていた昼は喫茶店、夜はスナックなどは典型的な時間帯ビジネスのモデルといえます。

　一時FC展開をしていたキリンビールの「ジラフ」などは三毛作業態を構築していました。「昼」喫茶・軽食、「夕」ビアパブ、「夜」ワンショットバーというように、時間帯に合わせて売り物（つまり顧客層）を変える仕組みです。

　賃貸事業としても、朝6時から昼2時までを立ち食いそば屋、夕方4時から夜12時までをカウンターだけの寿司屋として二毛作しているケースもあります。坪単価の発想ではなく、時間単価の発想で賃貸しているのです。テナントも最も効率的に収益が上がる時間帯だけを賃借しているため生産性が向上し、オーナーの収益力も坪単価に直すと上昇していることがわかります。

　「昼は賃貸ビル・夜はホテル」、「昼は倉庫・夜は店舗」、「昼は酒蔵・夜は飲食店」など、様々な二毛作型ビジネスが生まれています。利用時間を細分化することで空間の稼働率を上げれば、生産性の向上につながるからです。クイックマッサージやカットサロンなど、時間帯ビジネスは至る所に出現しています。

ウ）付加価値ビジネス

　使用料や時間帯ビジネスは「小単位」とか「短期」といった切り口にすることで価値を上げていきます。一方、付加価値ビジネスとは、テナントにとっては相対的なコストの引き下げにつながるための仕組みが構築されています。つまり、「コストダウンが付加価値」となるビジネスなのです。

たとえば、秘書サービス付オフィスは、事務代行など総務・経理部門も代行するオプション契約まで含めて賃料が設定されています。小規模企業では、経営者の大半が営業や技術を兼ねているため、賃借スペースは狭くても良いのです。ところが、秘書や事務員を雇うと給与や福利費、通勤費などの人件費の負担増になるだけではなく、そのための賃料スペースも広げなくてはなりません。

　秘書サービス付ビルなどは、こうしたコストも含めた賃料設定のため、坪単価から見ると賃料は高くなります。逆に賃借企業の固定費全体で見ると相当安くなってくるはずです。

　ビルオーナーの視点で見ると、ビルの価値と人材の価値を一体として賃貸することで、結果的に付加価値を高めることになっています。

エ）専門・特化ビジネス

　複合賃貸事業でも述べたように、入居者を選別することでビルの統一感を持たせる戦略です。ビルの価値を上げることにより、ビルテナントのイメージアップにつながってきます。イメージアップは一種のマーケティングになっているのです。

　ファッションビルや医療ビルなどは、専門性のある個店の集合体です。ただ、顧客サイドは、専門性のある百貨店や総合病院という認識のため、来店意識を喚起させることになります。つまり、集客力を高めるというわけです。したがって、コンセプトビルはマーケティングビルともいえるのです。

　また、単に専門だけではなく「子ども」とか「老人」、あるいは「女性」というターゲットとのマトリクスも需要創造につながってくるでしょう。「相続」というコンセプトで、相続に強い弁護士、税理士などの資格者や専門業者だけを入居させる相続・継承専門家ビル

などもこの類に入ります。

オ）利便性ビジネス

　カーシェア付マンション、トランクルーム設置マンション、シアター付マンション、保育所設置マンションなどが該当します。マンションやビルに入居する人にとって必要なもの、便利なものを併置することで、利便性を高めて付加価値を上げていくという仕組みです。

　このケースでは、近隣のビルやマンションの入居者にとっても便利ですが、既存のビルやマンションには設置されていないといった立地では、なおさら事業性が認められています。

　つまり、計画するマンションやビルの入居者は当然のことで、さらに近隣の入居者が恩恵を受ける利便性があれば、「その事業」の市場が拡大します。そのうえ、ビルやマンションに空室が出ると「その事業」があることによってテナント誘致力が高まるはずです。

　トランクルームや認定こども園などの保育所といった利便性の設置によって、ビルやマンションのターゲットも明確になってくるでしょう。

カ）新時代対応型ビジネス

　モニター企画、情報整備（ネット型）などの他、小割り（シェアハウス、ルームシェア）、レンタルショーケース、保証金流動化、変動家賃型、ビルネーミング（ネーミングライツ）など、新しい時代に合った土地活用の仕組みが生まれています。

　ほとんどは日本の賃貸住宅、賃貸ビルのタブーと言われていたペット・高齢者・外国人、さらには転貸・シェアリングを解放することによって新しい時代に生まれたビジネス発想といってもよいで

しょう。

使用料ビジネスの具体例

　10階建ての1階が店舗、2階以上はオフィスビルとして事業展開してきたF社があります。公益企業などにオフィスとして賃貸することで安定した事業を続けてきました。

　ところが、時代の流れで公益事業の閉鎖が相次ぎました。特に、2階部分の空室になかなか次のテナントが決定しません。立地は良いのですが、テナント入居可能企業の負担賃料と立地における相場賃料との間にギャップが生じてきたからです。このままでは空室期間が1年を超えてしまいそうです。

　立地は裏通りですが、メジャー駅と百貨店の通勤通りに面しています。そこで、F社長は通常の坪単価発想では次のテナント入居は難しいと判断しました。

　家賃を下げてテナントを埋めるという発想ではなく、使用料ビジネスを導入することで収益力を維持しようとしたのです。これは、ダンコンサルティングに立地分析を依頼した結果でもあります。

　新しい使用料ビジネスの事業構築の前提条件は**図表67**のようなものです。その結果、**昼間は近隣のインキュベーション施設とタイアップして貸会議室として活用**することとなりました。エリア内では、インキュベーションオフィスが増加したことにより会議室ニーズが高まっていたためです。

　もちろん、F社には人材がいません。そのため、インキュベーション事業者に一括して昼間部分だけの契約を行うこととなりました。**夕方以降は月・水・金の17時半からは英会話スクール、火・木はパソコン教室へ時間貸し**を行います。いずれも、保証金がないため

賃料ベースでは相場より高くなっています。

　しかし、入居者側も本来ならイニシャルコストが高くて手の出なかったエリアに進出できることになります。2社とも当面の契約期間は1年間（ただし、月・水・金と火・木と曜日を指定するとともに時間を17時から23時の6時間）の使用契約を結ぶことになったのです。

図表67　F社の使用料ビジネス・事業構築の考え方

① 2階へのアクセスが便利な点を利用する
② 本来なら入居できない（コスト的に）サービス産業に賃貸する
③ 圧倒的に多い女性の通勤者をターゲットとした事業に絞る
④ これからの時代で必要不可欠な技術の獲得ができることを重視する
⑤ 複数の店舗を組み合わせる
⑥ 昼と夜間の使用形態を変化させる
⑦ 通常の坪単価による賃料コストに付加価値を加えて収益力を見込む
⑧ ビルオーナーに手間・負担がかからない工夫をする
⑨ 近隣の施設で不足している設備として賃貸する
⑩ 昼と夜の損益分岐点分析から稼働率を検証する

中小ビルのネーミングライツ

　もう1つのケーススタディを見てみましょう。5階建てビルを1棟貸ししていたG社のケースです。
　長く賃借していたテナント（上場企業の子会社）が、自社ビルを

建設したので移転してしまいました。一気に全館空室となったのです。ところが、タイミングが悪く次のテナントが決まりません。

1度は1棟貸しで募集をお願いしていたのですが、ほとんど情報が無いためフロア貸しに切り替えました。

確かに、ワンフロアだけという打診はあるのですが、なかなか契約にまで結び付きません。また、ワンフロアだけが決まっても残りが決まりづらくなるのではないかという不安もありました。

そこで再度、全館を一括で貸すことを考えたのです。全フロアを借りたい会社にとって立地と賃料が納得できるなら、さらに不足しているのは何なのかを徹底的に考えることとしました

5階建ての全フロアを借りたい企業は中小・中堅企業が中心です。**ネーミングライツでビル名も貸す**という新しいビジネス案はどうだろうかと考ました。いわゆる命名権を貸し出すということです。

横浜国際総合競技場が日産スタジアム、東京サッカースタジアムが味の素スタジアムと呼ばれているように、ネーミングライツは一般的に公共施設で展開されています。道路や水族館や日比谷公園のベンチまでもが命名権を販売している昨今です。

中小企業のビル名は所有者の名前が入っていることが多く、大きな意味があるわけではありません。G社もご多分にもれずGビルという名称がついていました。

このGビルの名前を賃借人であるテナント企業の名前にセットで貸し出すということで入居企業を引き込もうという戦略です。貸し出すといっても収益を得るのではなく、入居した企業に自由に無料で使わせる（ビル看板の設置などは入居企業負担）ことでテナント導入のための付加価値を付けようとしたわけです。まさに新時代対応型の需要創造ビジネスで、短期間で本社ビルとして利用したい中小企業に入居してもらうことができました。

ネーミングライツは、不動産所有者だけでなくネーミングライツを提供する企業側にとっても戦略的な活用が期待できます。
　たとえば、日本で唯一の株式会社立の小学校は、道路を挟んだ対面にある市営体育館やプールに名前を付けることになりました。校舎や校庭からは自社の名前が入った体育館やプールがよく見えます。
　さらに、隣接している公園もネーミングライツによって自社名の公園となりました。つまり、学校を中心した公的施設の名前が全て学校名で統一されているため、周辺一帯が学校敷地のように意識されるように仕掛けられたのです。
　現実に小学校の授業でプールや公園を活用されており、周辺住民にも名前が浸透することで地域社会の中でしっかり根を張ることができたのです。

Case study 7
含み益の多い不動産所有会社の会社分割

老舗企業などに多い土地の含み益に対する
株価対策を行ったH社のケース

H 不動産所有会社の現状と変遷

　食品メーカーの起業家一族が経営している不動産所有会社 H 社があります。H 社は、食品メーカーの福利厚生部門を担当するために同族会社として設立されてきましたが、会社規模が大きくなるにつれてメーカー本体との距離が遠くなってきました。

　その理由は、食品メーカーとは別に起業家親族だけの同族会社として継続させてきたからです。コンプライアンスなど、社会性を要求される時代への変化とともにメーカーとの取引も徐々に減少してきました。それでも社員寮の1つを所有して、食品メーカーに長い間賃貸してきたのです。

　社員寮の敷地は、東京本社がある都心部に出勤しやすい私鉄沿線の駅傍にある好立地です。一方が角地に面しており、駅まで5分圏の住宅地でもあります。

　ところが、数年前に食品メーカーから社員寮の縮小、廃止を決定する旨の通知が届きました。確かに契約では6ヶ月前に予告することで退去が可能となっています。

　H 社は、今から40年前に**図表68**の土地（X 地）を購入しました。3つに分筆されていた一体の土地を地主から取得したのです。この土地の一部に平屋で8部屋の連棟長屋の建物を建てて、食品メーカーへ独身者向け社員寮として賃貸してきました。もちろん、2度の大規模な修繕と何度か小さな修繕を繰り返してきましたが、全てを取り壊して新築マンションなどを建てるという発想はありませんでした。

　H 社は、元々社員寮に最適であるという視点でこの土地を購入したわけではありません。将来の自分たちの自宅としては最適なのではないかという考え方が優先しており、さらに値上がりするので

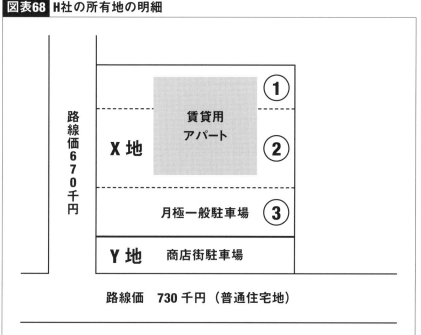

図表68 H社の所有地の明細

キャピタルゲインも見込めるという狙いでした。

X地の購入時の㎡単価は7万円です。3筆合計で1,400㎡ありますので9,800万円になります。この資金は、H社設立時の資本金と食品メーカーからの収益による剰余金などで賄えたため、金融機関からの資金調達はありません。

その3年後に角地（Y地）が売りに出されました。㎡単価は15万円で500㎡の土地です。隣地は買え、角地は買えと積極的に言われていた時代背景もありました。一部は金融機関から資金を調達しましたが、大半は自己資本で賄うことができました。

連棟長屋の建築資金も一部は借入金に頼りましたが、定期的な食品メーカーからの賃貸料収入や駐車場収入などで、借入金は数年で完済してしまいました。したがって、その後は安定した収入をベー

スにした同族人への給与分散（一時的には修繕コストの増加もありましたが）という経営スタイルを採ってきたのです。

H社は食品メーカーから社宅契約の終了に関する連絡を受けました。社宅家賃の収入が無くなるといっても、全体から見るとH社売上の一部です。角地（Y地）を購入後、成長してきた近隣商店街の駐車場として貸し出していたからです。

H社には借入金がありません。そのため、主たるコストは給与を除くと年間720万円強の固定資産税だけです。ただ、家賃は相場よりも若干高めに設定されていました。これは、食品メーカーが退去を考えた理由の1つでもあります。

取締役間の意見の相違

H社は、食品メーカーの起業家でもあった父親が、子供たち2人のために設立した会社で、当初から兄弟で経営しています。**図表69**のように、株主構成も取締役の権限も常に2人は同格として経営してきました。さすがに2人代表は事務手続き上も煩雑になるうえ、弟の乙は地方を生活の拠点としていますので、代表権は兄の甲に任せています。

図表69 H社の役員構成と株主構成

H社の取締役		役員報酬	持株数	株主割合
甲（兄）	代表取締役	1,000万円	90,000株	50%
乙（弟）	取締役	1,000万円	90,000株	50%
丙（甲の妻）	取締役	100万円	0	0
丁（乙の妻）	監査役	100万円	0	0
	合計	2,200万円	180,000株	100%

ただ、H社そのものが大きな経営判断を行うことがなかったこともあり、現在まで何の問題なく続いてきました。最初の大きな経営判断を迫られたのが、この食品メーカーからの契約打ち切りだったのかもしれません。

H社所有地近辺は、甲・乙兄弟の考えていた以上に都市化が著しく、住宅ニーズも商業ニーズも高まっていました。社宅を解約されても平屋のアパートに近い物件ですので、取り壊してマンションにすることも可能です。

ところがここで、取締役間で大きな意見の相違が生じました。代表取締役甲は、今さら借金をしてまでマンションを建てるという計画には大反対です。「今さら」とは、すでに食品メーカーをリタイアして悠々自適な生活をしているうえ、年齢的にも債務を背負いたくないということのようです。

一方の取締役乙は、立地的にもマンション候補地に向いている土地であることから、甲には内緒で複数の建設会社へも相談していました。さらに、資金調達も考えて複数の金融機関へも条件面の交渉を始めていたのです。

そのため、取締役会を開催しても2人の意見はまとまりません。X地のアパートをそのままにしておいても仕方がないので、定期借家による入居者を募集するとすぐに満室になりました。

図表70 H社の損益計算書とバランスシート（単位：万円）

損益計算書

売上高	4,000
役員報酬	2,200
固定資産税	720
その他	280
合計	**3,200**
営業利益	**800**
法人税等	250
税引後利益	**550**

バランスシート

資産	相続評価額	帳簿価額	負債	相続評価額	帳簿価額
現預金	4,800	4,800	前受金	300	300
建物	200	100	未払法人税等	250	250
土地	137,000	17,300	預り金	100	100
			預り敷金	250	250
			未払配当金	100	100
資産合計	142,000	22,200	負債合計	1,000	1,000

注）H社の資本金は9,000万円、過去の内部留保としての利益剰余金などが1億2,200万円となっている。

　図表70にみるように、現在のH社の損益計算書は簡単です。売上は、X地の①と②のアパート収入の1,200万円、X地の③の駐車場収入1,000万円、Y地の駐車場収入1,800万円の合計4,000万円です。

　このうち、甲・乙とその妻らへの役員報酬2,200万円、固定資産税やその他の経費1,000万円の合計3,200万円を差し引いた800万円が営業利益というわけです。そこからH社の法人税等の税務負担分250万円を差し引くと税引後利益は550万円となり、甲・乙らの株主に配当（1株5円）として年間90万円を支払っています。

　つまり、甲社長から見ると、安定した収入が確保できているうえ

債務負担ゼロのH社に、あえて銀行から借入れを行ってまで収入を増やす必要はないということです。甲社長は喜寿を迎え、乙取締役も古希を越えているのだから、これ以上何かをするためにH社で借金などしたくないという考えが固まっていました。

一方の乙取締役は、そうはいってもH社の所有している不動産の価値から見ると収益力がかなり弱いため、何らかの行動を起こして収益力アップを図りながら次の世代に譲っていきたいという思いがあります。

図表71の親族図でわかるように、甲社長夫妻には子どもがいません。一度は養子も考えられたようですが、甲社長の相続人は妻の丙氏と弟の乙氏だけなのです。丙氏も一人娘であり、実家のご両親はすでに他界されています。

つまり、甲夫妻の相続人となり得るのは乙氏であり、乙氏の子どもたちなのです。そのため、乙取締役は様々な提案をしてみるものの、甲社長の意向を尊重して、H社事業は現在まで現状維持で動いてきました。

図表71 甲と乙の親族構成

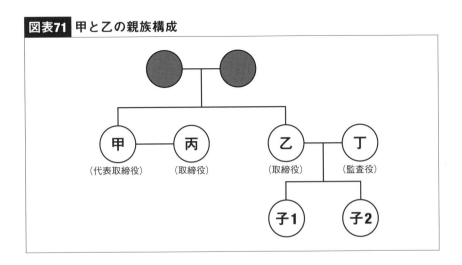

不動産経営管理シートから見えたこと

ただ、H社の現状は分析しておいた方が良いだろうということで、ダンコンサルティングに現状分析と提案書の作成を依頼することになりました。

ダンコンサルティングから提出されたH社の不動産経営管理シートを簡略化したのが**図表72**です。予想通り、グロスリターンの平均値は2.2％しかありません。一体として考えられるH社所有土地の時価がおおよそ18億円ですので、18億円の投資に対して4,000万円の収入しか上がっていないということです。不動産経営管理シート上の個別時価総額は16億円ですが、これはそれぞれの土地ごとの区分によって時価を算定しているため、X・Y地を一体として見た場合には、18億円程度になります。

図表72 H社不動産経営管理シート（単位：万円）

土地区分		地積(㎡)	帳簿価額	固定資産税評価額	路線価額	時価(公示)	敷金	純資産	収益	GR
X地	①	300	2,100	13,000	21,000	24,000	100	23,900	1,200	1.38%
	②	800	5,600	35,000	53,000	63,000				
	③	300	2,100	13,000	23,000	25,000	150	24,850	1,000	4.00%
Y地		500	7,500	29,000	40,000	48,000	0	48,000	1,800	3.75%
合計		1,900	17,300	90,000	137,000	160,000	250	96,750	4,000	2.50%

ただし、全体を角地とすると時価合計はおおよそ18億円となる。
したがって、全体で考えるとGR（グロスリターン）は年2.22％（4,000÷180,000）となる。
また、Xの①と②の上に建設されている1階建てアパート建物もGRの計算に入れるべきものだが、現状では帳簿価額100万円、固定資産税評価額200万円、時価0円のため無視している。

年2.2％は、現在の預金金利などの水準からすると高いのですが、現実には、ネットリターン（固定資産税などの経費を差し引いた後の営業利益）でみると1.67％まで減少します。

$$3{,}000万円 \div 18億円 = 1.67\%$$

ただ、本来投資したのは帳簿価額として記載されている1億7,300万円です。H社はX地とY地をほぼ40年間所有し続けてきたことで16億円以上の含み益を獲得してきたのです。何と投資の10倍です。

投資に対するリターン（ROI）だけで見ると、ネットリターンでも17.3％になります。

$$18億円 - 1億7{,}300万円 = 16億2{,}700万円$$
$$18億円 \div 1億7{,}300万円 ≒ 10.4倍$$
$$3{,}000万円 \div 1億7{,}300万円 = 17.3\%$$

含み益を無視しても、現状で毎年17％を超えるリターンを上げている土地なのです。何も無理をしてこの構造を変える必要はないと考える甲社長の思いは、充分すぎるほど理解できます（簿価会計による判断基準）。

ただ、単に借入金が嫌なら一部を売却するとともに売却した資金で残った土地にマンションやビルを建築する方法も考えられます。税法の買換え制度を適用することで売却益が20％に圧縮できるためです。売却した資金を活用するのですから、金融機関からの借入金も生じません。

たとえば、建設資金が5億円必要ならX地の①と②の一部を分

筆して売却し、6億円の資金を生み出し、そのうち、5億円を建築費に投資して、残りを運転資金、及び法人税の納税資金に充当すればよいからです。おそらく、圧縮記帳後の利益は8,000万円程度になると思われますので、売却に伴う法人税等は2,500万円程度です。この場合には、甲社長に8,000万円程度の退職金を支給すると法人税の課税も消滅します。

甲社長は、単に借入金をすることが嫌なのではなく、愛着のあるH社の土地を所有し続けていたいという思いの方が深いのでしょう。したがって、あえてこの時代に新しい投資を行う必要はないとの考えなのです。

思いもかけない株価の高騰

ところが、思いもかけないポイントを指摘されました。相続税の評価の対象となる路線価で計算しても、13億7,000万円の不動産評価になるというのです。

時価よりは低いのですが、個人所有ではないため、甲・乙共にあまり意識していなかった問題です。提案書の中には、「土地を守ることを重視するため、借入もせず安定した事業を行ってきたが、**国からの"見えざる借入金"を見落としているのではないか**」という分析レポートがありました。

国からの借入金とは相続税のことです。もちろん、H社は法人のため相続税は課税されません。ただ、H社の株主である甲や乙にはH社の財産評価によるH社株式が相続税の対象になるのです。

H社株式は**図表73**のようにして計算することで「小会社」に該当しますが、土地保有会社にも該当するため、純資産価額方式だけで計算することになります。したがって、H社の1株当たりの評価

は約5,000円になります。

図表73 会社規模の判定リストと土地保有会社の検証

会社規模で評価方法が決まり、これに基づいて評価額が決定されるが、一般的には、類似業種比準方式による評価額の方が低くなることが多いため、会社規模が大きいほど有利に働く傾向がある。

●会社規模の判定（不動産業の場合）

純資産価額 （帳簿価額）	従業員数	取引金額		
－	100人以上	－	大会社	
10億円以上	50人超	20億円以上		
7億円以上 10億円未満	50人超	14億円以上 20億円未満	中会社	大
4億円以上 7億円未満	30人超50人以下	7億円以上 14億円未満		中
5,000万円以上 4億円未満	5人超30人以下	8,000万円以上 7億円未満		小
5,000万円未満	5人以下	8,000万円未満	→ 小会社	

●会社規模別の評価方法

規模		類似業種 比率方式		純資産方式	もしくは	純資産方式
大会社		100%	＋			100%
中会社	大	90%	＋	10%		100%
	中	75%	＋	25%		100%
	小	60%	＋	40%		100%
小会社		50%	＋	50%		100%

注）総資産価額（帳簿価額）と従業員数は、いずれか下位で判定する。
ただし、従業員数が100人以上は大会社となる。次に、取引金額のランクと比較し、いずれか上位で判定する。

ただし、H社は、総資産に占める土地の所有割合（この場合の総資産及び土地の価額は相続税評価額により判定する）が高いため、土地保有特定会社になるかどうかの判定が必要になる。土地保有特定会社とは、一定以上の土地を所有している会社のことであり、次の表によっ

てチェックする。

会社区分	土地保有特定会社
小会社	90％以上（一部70％以上）
中会社	90％以上
大会社	70％以上

H社の相続税評価額による土地所有割合は次のようになり、90％以上になる。

13億7,000万円 ÷ 14億2,000万円 ＝ 96.479％

したがって、H社は土地保有特定会社に該当するため、株式評価を考えるための計算は、純資産価額方式だけで算出される。

　1株5,000円となると、甲・乙とも90,000株を所有していますので、それぞれが4億5,000万円もの相続財産を所有しているとみなされてしまうのです。最高税率に該当するため、H社株式だけで1人2億円以上もの相続税を納税しなければなりません。
　H社に不動産を所有させて、安定した収益を上げ続け、借入金債務も消滅していたことにより、H社の株式だけで2億円を超える「国からの借入金」が発生することになるのです。
　この場合、甲は相続人が妻の丙（4分の3）と弟の乙（4分の1）になりますので、法定相続分までの妻への相続は非課税となります。しかし、甲には子どもがいないため、H社株式は将来、乙に相続させることを考えています。また、乙の2次相続まで考えるとH社株式の対応は緊急の課題でもあります。
　甲・乙とも1,000万円〜2,000万円の相続税は覚悟していましたが、H社株式だけで1人2億円を超える相続税になるとは考えても

いませんでした。

会社分割を活かす

　提案書には、H社株式の引き下げ案として、会社分割の方法が記載されていました。なぜ、H社の株価が高くなっているのかというポイントを解説することで、何をどうすれば基本となる数値の引き下げにつながるのかがわかるというわけです。

　株価高騰の理由は、次の6つのポイントに整理されていました。

① 立地環境が収益力、未来性なども含めてベストに近いポジションを占めているため、需要面からみて価値が高く、不動産価格が高くなっています。

② 面積や角地など、地形や都市の中での立地条件が良いため利用しやすいことから不動産価格が高くなっています。

③ ほとんど何も利用されていない（つまり、駐車場などの更地が大半）ため、相続税法の評価方法の点から土地の相続税評価額が高くなっています。

④ 購入してから著しい含み益を生んできたため、含み資産のうち60％がそのまま株価に影響しているので、株価が高くなっています。

⑤ 広い土地をほぼ一体として利用しているため、角地の高い評価を全体に受けています。その結果、土地の価額が高くなっています。

⑥ 土地の所有者が1社だけのため、その土地の価格の高さを直接受けています。また、その影響で、土地保有特定会社の認定を受けており、株価が高くなっています。

つまり、収益力や財産本来の価額に影響される①や②を除くと、株価が高い理由は相続税評価額の計算方法によるものであることが理解できます。当面、アパートやマンションの建設などという更地の評価を下げる方法が採れないのなら、③や④については対応できません。そこで、⑤と⑥を考えた株価対策が、土地保有特定会社から脱却するための「会社分割」ということになります。

ここでいう会社分割とは、営業の会社又は一部を他の会社に包括的に承継させることです。会社分割の基本形態には新設分割と吸収分割があります（ただ、気を付けておかなくてはならないのは、目的が土地保有特定会社から外れるためだけにした行為は、その行為がなかったものとして判断されます。Ｈ社の場合には、角地を別会社にすることで新たな事業計画の立案が見込まれ、将来の企業継承＜乙氏の子ども２人＞に対する戦略的分割でもあります）。

Ｈ社は、将来の計画も踏まえてＹ地を別法人として分割し、まず分割後のＨ社の評価を減少させていくというものです。もちろん、分割した新法人の事業計画も含めて対応していくこととなります。こうした計画の実行によって、Ｈ社の株価はおおよそ1,000円以下にまで減少することになりそうです。

甲社長は、不動産を所有しているのが会社であるため、個人の相続税を軽視していたところがありました。現状のままでは、愛着のある不動産を手離すか、会社ごと第三者に売ってしまうしか方法がありません。今後のことを考えて次の一手として、定期借地権の仕組みや等価交換などについても考え始めることになりました。

不動産の FRE 戦略とは、単に不動産を活かすということだけではなく、債務やコストダウンも含めて考えなくてはなりません。もちろん、債務には未払相続税も含まれます。
　上場会社の関係会社の中にも H 社のようなケースは数多くあり、中小・中堅企業の場合には頻繁にあるケースともいえます。特に、伝統のある老舗企業で不動産だけを所有している企業の場合には、株価チェックは毎年検証しておくことが望まれます。

第3編

不動産の健康診断書（不動産経営管理シート）の作り方と使い方

第3編　概要

　第３編は、「塩見式不動産経営管理シート」の作成法と活用法をより詳細にまとめたものです。

　不動産所有者にとっては、自分（あるいは自社）の不動産を戦略的に管理（つまり、マネジメント）していくためには、一目瞭然で全体像を眺める鳥瞰図を作成しておく必要があります。その鳥瞰図こそが「不動産経営管理シート」なのです。

　これは、不動産オーナーから不動産の管理業務を通じて、不動産の有効活用や不動産相続対策を依頼される不動産コンサルタントにとっても同様の効果があります。クライアントである不動産オーナーに対して不動産経営管理シートを作成してあげることで、鳥瞰図を一緒に眺めることができ、同じものを見ることで様々な決断を生むベースになってくるからです。

　現在までは「不動産経営管理シート」を別刷して販売していましたが、今回は、「不動産活用の教科書」の出版において付録としてまとめることとしました。上手に活用されると不動産を鳥瞰図として捉えられるため、不動産の未来戦略が構築されることができるでしょう。

1 不動産経営管理シートの活用

1 不動産経営管理シートの特徴

　不動産経営管理シートは、不動産を所有している法人、個人を問わず、さらには、相続や活用といった目的を問わず、必ず作成しておくことが重要です。「不動産相続」や「不動産活用」において、戦略的な発想を考えるための全体像を一覧にする資料作りから始めなければなりません。このためのマニュアルシートなのです。

　不動産経営管理シートの特徴をまとめると、次のような10点に集約できます。

① 一目瞭然である
② 戦略ヒントが見える
③ 個別と総合が見える（ミクロとマクロが見える）
④ 数値分解してある（論理的に見える）
⑤ ㎡単価で見える（ディテールが見える）
⑥ 数値から歴史が見える
⑦ 数値から未来が見える
⑧ 現状の「なぜ」が見える

⑨ したがって、打つ手が見える
⑩ 相続対策や不動産経営のヒントが見える

　特徴を10個ほど書き出してみました。全て「見える」という点にポイントが集約されていることがわかります。まさに不動産経営管理シートは、不動産の「見える化」戦略なのです。「見える化」が要求される時代になったのは、見えづらい時代背景のためです。
　また、「一目瞭然である」という特徴は全体のポイントでもあります。単に見えるのではなく一目で全体が見えることで、理由が見えたり、結果が見えるため、理解を早めていくことができます。全体を一望できるという鳥の目を持った企業や個人が、見えづらい時代を開拓していけるということなのです。
　「全体」が「一目」で見えるという2つのキーワードは、不動産経営管理シートだけではなく、あらゆる分野でも必要な時代になってきているといえるでしょう。

2 不動産の棚卸作業からスタート

　不動産経営管理シートは、簡単に言うと不動産の健康診断管理データといえます。不動産オーナーにとっては一目瞭然で所有する不動産全体と、それぞれの個別不動産の内容についてわかりやすくなります。
　個人も法人も意外と自身や自社の理解ができていません。これは、自分や自社の所有する不動産という経営資源でも同様です。どこに課題があるのか、あるいは、逆になぜそんなに良質なのかなどは第三者の指摘があって初めて気づくということが往々にしてあるのです。

そのためには、自分や自社を正しく棚卸しする作業が必要になります。「棚卸し」とは、全てをもう一度現状を基点にして確認するということです。また「正しく」とは、本当の事実（つまり、真実―― 事実は一面に過ぎませんが、真実は全体です）を専門的に捉えるということです。

　不動産に限らず、企業経営においては事業継続のためには何らかの投資を行っています。投資とは、その購入時点において、その投資（不動産など）が必要であり、かつ、その投資の資金をどのように調達するかを徹底的に戦略的な視点から分析して投資（購入）しているはずなのです。

　ところが、その投資した資産等が現状ではどうなのかという分析があまりなされていません。つまり、時価ベースで捉えて収益性の分析や資金分析がされていないのです。一度購入・投資をすると、ほとんど検証がなされていないのです。そのためにも、現状から全体戦略と個別戦略を立てることで、投資した不動産や資産を再検証して、次の一手を考えるヒントが生まれてくるはずです。

　不動産経営管理シートの作成過程と作成後の分析によって、自分、あるいは自社の所有する不動産の全体戦略と部分戦略が浮かび上がってきます。不動産所有者の全体戦略を構築する第一歩としての武器となるのがこの不動産経営管理シートと考えるとわかりやすいでしょう。

　次に不動産経営管理シートのひな型（見本例）とその使い方のポイントを掲げておきます。

図表74 塩見式 不動産経営管理シート（単位：万円）

物件明細	用途	面積(㎡)	取得日	取得原因	資産価額 帳簿価額	資産価額 相続税評価額	資産価額 固定資産税評価額	時価	債務 借入金	債務 敷金等	債務 合計	純資産
A（マンション）	土地				1,000	4,200	2,500	6,000				
A（マンション）	建物				200	1,050	1,500	2,000	0	70	70	7,930
A（マンション）	合計				1,200	5,250	4,000	8,000				
B（マンション）	土地				3,000	6,000	4,000	8,000				
B（マンション）	建物				2,000	2,100	2,000	4,000	0	150	150	11,850
B（マンション）	合計				5,000	8,100	6,000	12,000				
C（アパート）	土地				12,000	4,500	5,000	6,000				
C（アパート）	建物				4,800	2,100	3,000	4,000	9,000	80	9,080	920
C（アパート）	合計				16,800	6,600	8,000	10,000				
合計	土地				16,000	14,700	10,500	20,000				
合計	建物				7,000	5,250	7,500	10,000	9,000	300	9,300	20,700
合計	合計				23,000	18,950	18,000	30,000				

【資産・負債項目（B/S）に関するポイント】
注）1　用途：(土地)自用地、賃貸地、貸家建付地、更地
　　　　　　（建物）自己利用、貸家
注）2　取得原因：購入、相続、贈与（死因贈与を除く）、死因贈与、買換、交換、信託
注）3　相続や贈与で取得した場合の取得価額は被相続人の相続時における帳簿価額である。
　　　ただし、その帳簿価額が時価5％未満の場合は、時価5％とする。

注)この塩見式不動産経営管理シートは、B/SとP/Lの平易型です。

第3編 不動産の健康診断書(不動産経営管理シート)の作り方と使い方

年間収入			費用							純利益	GR(%)	NR(%)	適用
満室収入	実際収入	構成比(%)	管理費	修繕費	固定資産税	保険料	その他	合計	負担率(%)				
720 (9.0%)	690 (95.8%)	19.9%	40	20	54	2	5	120	17.4%	570	8.6%	7.1%	
1,440 (12.0%)	1,280 (88.9%)	36.9%	80	30	82	3	5	200	15.6%	1,080	10.7%	9.0%	
1,500 (15.0%)	1,500 (100%)	43.2%	75	250	100	10	15	450	30.0%	1,050	15.0%	10.5%	
3,660 (12.2%)	3,470 (94.8%)	100%	195	300	236	15	24	770	22.2%	2,700	11.6%	9.0%	

【収入・費用項目(P/L)に関するポイント】
注)1 満室収入の欄のカッコ内は、「満室収入÷時価」によっている。
注)2 実際収入の欄のカッコ内は、満室収入との比率で空室率につながっている。
注)3 年間収入の構成比は、全不動産に占める当該不動産の収益割合である。
注)4 負担率は、「費用合計÷実際収入」の割合である。

3 不動産経営管理シートの使い方のポイント

① 公示価額（時価でもよい）と帳簿価額の差額は、その不動産を売却する場合の売却損益となります。損失（又は利益）が発生するなら利益（又は損失）が発生する不動産とセットで売却すれば有利になることがわかります（個人の場合は同年度しか損益通算ができないため）。

② 相続税評価額の合計から借入金や預り敷金などの債務の合計を差し引けば不動産全体の相続税評価となります。つまり、一目瞭然で相続税の概算計算が可能になるわけです（法人の場合は株価計算に使える）。

③ 個別の不動産の相続税評価額と時価を比較して時価が低ければ、時価を相続税評価額にすれば有利になることがわかります。

④ 固定資産税評価額が、他の不動産とのバランスから考えて高いか低いかなどの判断がつきやすくなります。固定資産税評価額が高すぎると減額請求を行うこともできるからです（㎡単位で比較する）。

⑤ 取得時期がわかるので、常に5年を過ぎた不動産を色刷りで表示しておくことで、売買するかどうかの判断材料になります（長短区分）。

⑥ GRとは、グロスリターンの略です。年間収入を不動産時価で除して計算しますが、全体のリターンと、その物件のリターンを検証して、常に稼動状況をチェックすることで収益力を判断できます。

⑦ GRが、全物件の平均より悪い物件については次の手を検討しやすくなります。

⑧ NRとは、ネットリターンの略です。収入から支出（この場合は金利と減価償却は除く）を差し引いた営業利益を年間収入で除して求めることで、利益貢献度の分析につなげることができます。

⑨ 管理費や固定資産税などは不動産面積で除することによって㎡単価を比較することができます。コスト管理に役立ちます。

⑩ 借入金が多い場合は金利負担が増えますが、物件ごとに収入に占める金利負担率の検証を常に行うことができます。

⑪ 買換えや交換による取得の場合は、帳簿価額の低さをチェックできます。ただ、GRやNRは常に時価で検証するため問題は生じません。

⑫ サブリースなどの場合は、土地・建物の項目に差入保証金などを加えます。時価はその差入保証金の返還可能額としておけばGR・NRは計算できます。この場合には、支払う家賃をその他の経費に加えておけばよいのです。

⑬ 摘要欄に不動産の優先順位を付けておきます。優先順位には、収益力の高さ、資金回収力の高さ、納税資金としての活用度などがありますが、項目別にまとめておくと判断がしやすくなります。

⑭ 個人オーナーの場合は、各不動産ごとに収益・物納・資金などの区分けをしておくことで事前の相続戦略に使えます。

⑮ 年間に生み出す資金力を摘要欄にまとめておくことで、不動産の本来の価値をチェックできます。

2 不動産の4つの評価の作成法

　甲氏の所有する不動産の経営管理シートの簡易表を**図表75**に掲げてみました。それぞれについて詳細に見ていきましょう。

図表75　甲氏の所有不動産管理シート簡易版（左側のみ）　　（単位：万円）

物件明細		用途	面積(㎡)	取得日	取得原因	資産価額				債務			純資産
						帳簿価額	相続税評価額	固定資産税評価額	時価	借入金	敷金等	合計	
A（マンション）	土地					1,000	4,200	2,500	6,000				
	建物					200	1,050	1,500	2,000	0	70	70	7,930
	合計					1,200	5,250	4,000	8,000				
B（マンション）	土地					3,000	6,000	4,000	8,000				
	建物					2,000	2,100	2,000	4,000	0	150	150	11,850
	合計					5,000	8,100	6,000	12,000				
C（マンション）	土地					12,000	4,500	5,000	6,000				
	建物					4,800	2,100	3,000	4,000	9,000	80	9,080	920
	合計					16,800	6,600	8,000	10,000				
合計	土地					16,000	14,700	11,500	20,000				
	建物					7,000	5,250	6,500	10,000	9,000	300	9,300	20,700
	合計					23,000	19,950	18,000	30,000				

　横軸には物件ごとの財産と債務の数値に関する重要な内容が全て記載されています。

　甲氏は2つのマンションと1つのアパートを所有しています。幸いなことに、立地の良さもあり3つの収益性物件とも満室で推移し

ています。

　不動産経営管理シートを作成しておくことでどんな物件かがイメージできます。たとえば、Aマンションは、おそらく相続で引き継いだかバブル以前に購入して収益を生み続けてきた物件であることが想像できるでしょう。

　また、Cアパートは、AとBのマンションの収益力の高さと借入金の完済によって新たに購入したのではないかと考えられます。つまり、不動産経営管理シートを作成することで各物件の背景――つまり、不動産とオーナーの歴史の一部――が見えてくるというわけです。

　それでは、まず資産価額の項目への記載の仕方から見ていきましょう。

１ 最も重要なのは時価

　不動産は一物四価と言われています。つまり、１つの不動産に次のような４つの価額があるということです。

① 時価（公示価額）
② 帳簿価額
③ 路線価格（相続税評価額）
④ 固定資産税評価額

　もちろん、それぞれの価額は利用目的が違うのですが、財産価値として考える場合には実勢価額である時価が最も重要です。

　時価を算定する場合には、公示価額をベース（この場合は大抵、路線価を介して算定します）としても、近隣相場を求めても構いま

せん。あくまでも、現在売ればどのくらいの値段になるかという点が重要です。

公的な地価には国土交通省が公表する1月1日現在の公示価格と都道府県が公表する7月1日現在の基準地価があります。いずれも、特別な事情がなく需給バランスで地価が決まるとした場合の価格のことです。道路建設など、公共用地の買収額は公示価格がベースとなります。

また、取引事例比較法や収益還元法などによる市場価額でも構いません。つまり、売れるであろう価額より、間違いなく売れる価額を記載しておくことが重要です。

2 時価と帳簿価額の差額を計算する

不動産価額の最も左にある帳簿価額は、その不動産を売却するかどうかを検討する場合に重要です。簡単に言えば、時価と帳簿価額の差額が売却益、あるいは売却損になるからです。

図表75のケースならば、Aマンションを売却して資金化を図るとすると、次の算式によって6,800万円の不動産売却利益が発生します。

```
土地：6,000万円 － 1,000万円 ＝ 5,000万円
建物：2,000万円 －   200万円 ＝ 1,800万円
5,000万円（土地の売却益）＋ 1,800万円（建物の売却利益）＝ 6,800万円
```

長期譲渡所得なら6,800万円に対して税率が20％課税されますので、1,360万円の所得税や住民税が課税されることになります。そうすると、借入金は0ですが預り敷金が差し引かれるため、手取額は6,570万円となります（ここでは復興特別所得税は無視しています）。

8,000万円 － 70万円（敷金）－ 1,360万円（税負担）＝ 6,570万円

　借金もないので売りやすいのですが、税負担などによって手取りは82％程度になります。つまり、見えざる負債が1,360万円あるということです。

6,570万円 ÷ 8,000万円 ＝ 82.1％

　一覧表にしておく強みは全体が一目瞭然にわかることです。次に、全体をもう一度眺めてみると、Cアパートは売却すると大幅な赤字になることがわかります。

土地：6,000万円 － 1億2,000万円 ＝ ▲6,000万円
建物：4,000万円 －　　　4,800万円 ＝ ▲　800万円
▲6,000万円（土地の売却損失）＋ ▲800万円（建物の売却損失）
＝ ▲6,800万円

3 不動産売却損益を考える

　Aマンションだけを売却すると6,800万円の利益となり、それに対して1,360万円の所得税や住民税が課税されます。ただ、個人所有の不動産の場合なら、同じ年にCアパートも売却すると、Aマンションの譲渡利益とCアパートの譲渡損失が合算できます。
　つまり、売却すると赤字になるCアパートは、含み益を抱えているAマンションやBマンションの売却年度に売却することで不動産所有者の税務メリットを高めることになるわけです。

ちなみに、Cアパート分は売却資金1億円が得られますが、借入金債務9,000万円と預り敷金80万円を差し引くと手取りは920万円しか残りません。ただ、Aマンションと同じ年度に売却することで節税によって別途1,360万円の価値を生み出していることになります。

たとえば、Cアパートの売却損失が仮に1,500万程度だったとしましょう。このケースでは、単純にAマンションとCアパートを同年度に売却してもAマンションの利益は80％程度圧縮されるものの、所得税等は課税されてしまいます。

6,800万円	＋	▲1,500万円	＝	5,300万円
（Aマンションの売却利益）		（Cアパートの売却損失）		

ただ、Aマンションが買換特例を受けられる物件ならどうでしょうか。買換特例でも課税されるはずの20％部分については、Cアパートの売却損失によって相殺されます。つまり、Cアパートをセットにすることで買換特例が100％受けられるのと同様の取り扱いになるわけです。

個人が所有する不動産の売却損失については、同年に発生する不動産の売却利益としか相殺されません。また、居住用財産など、一定の要件に該当する売却損失以外は翌年にも繰り越しできません。つまり、損失が発生しても丸損になるだけなのです。

Cアパートのようなバブル期に購入した不動産などは、含み益を保有している不動産の売却年度に併せて売却することが有効な不動産活用になるのです。

一覧表にしておくことで、売却予定不動産の状況を理解した上で他の不動産の状況とかみ合わせるための戦略が一瞬にして判断でき

ます。

　また、相続などで得た土地や建物については、取得価額（帳簿価額）を引き継ぐとされています。したがって、被相続人の確定申告書をベースにして帳簿価額を移記することになります。

　ただ、かなり年月を経ていて帳簿価額が不明瞭の場合には、時価（売却価額）の5％という取り決めがあります。したがって、不動産経営管理シートの帳簿価額欄には、算定した時価の5％を記載して、さらに、カッコ書きで5％ルールと明記しておくとよいでしょう。

4 土地の相続税評価額は路線価をベース

　相続税評価額は、**図表76**のように土地は路線価、または倍率方式、建物は固定資産税評価額がベースとなります。

図表76　相続税財産評価基本通達（抜粋）

第2節　宅地及び宅地の上に存する権利
（評価の方式）
11　宅地の評価は、原則として次に掲げる区分に従い、それぞれ次に掲げる方式によって行う（昭41直資3-19改正）
　　（1）市街地的形態を形成する地域にある宅地：路線価方式
　　（2）（1）以外の宅地　　　　　　　　　　：倍率方式
13　路線価方式とは、その宅地の面する路線に付される路線価を基とし、15（奥行価格補正）から20-5（容積率の異なる2以上の地域にわたる宅地の評価）までの定めにより計算した金額によって評価をする方式という（昭41直資3-19、昭57直評22、平3課評2-4外、平11課評2-12外改正）

しかし、Aマンションなどの場合には、貸家事業として利用していますので土地は貸家建付地、建物は貸家となります。そのため、次のように計算し直しておくことが望まれます。

> 土地（貸家建付地）＝ 自用地 －（自用地 × 借地権割合 × 貸家権割合）
> 建物（貸家）　　　＝ 固定資産税評価額 ×（１－ 借家権割合）

貸家建付地や貸家で注意しておきたいのは、マンションやアパートの１室を自ら利用しているケースです。

たとえば、自宅に置けない家具置き場としての活用や子どもに無料で部屋を貸しているなどといった場合は自己利用に該当します。こうした場合には、一部が貸家建付地や貸家に該当しません。

したがって、面積按分をして一部は借家権部分に関する評価減ができないということに注意しておくべきです。不動産経営管理シートを作成することによってこうした点にも気づくことができます。

自己利用していることによって相続財産の評価を自らアップさせていること、その結果、相続税負担が多くなっていることを理解おくことが必要です。少々負担が増えても自己利用したいのなら、それはそれでOKです。相続税のために自分のやりたいことを変える必要はありません。

ただ、多くの場合には相続税の負担が多くなることを知らないだけで、知っていれば自己利用していないというケースが大半であることも事実です。

相続税評価額でもう１つ参考になることがあります。この欄は、基本的には土地は路線価をベースとしています。ところが、**図表77**のように相続税法第22条で「相続評価は時価でやれ」と定めています。

つまり、本来なら「公示価額又は時価」の欄と相続税評価額は同じ数値になるはずです。ただ、相続税財産評価基本通達において**図表76**のように路線価も時価の1つであると認めているため、路線価方式を採用しているに過ぎません。

したがって、一覧表の作成において、時価が路線価等で求めた相続税評価額よりも低くなるなら、相続税の計算においては、本来低い方を採用するのが当然です。こうしたことも一覧表にまとめていますので、不動産オーナーは相続税評価額というものが理解しやすくなるはずです。

さらに縦軸で見ると、相続税評価額の合計欄が不動産相続財産の評価額総額に該当しますので、借入金と預り保証金の債務合計を除くと不動産相続に関する純資産が一目でわかります。

不動産相続のケースでは、相続財産の大半がこの純資産となりますので、この他に金融資産や生命保険金などを加えるとおおよその相続財産と相続税が算定できるというわけです（ただし、別途小規模宅地等の評価減を考慮する必要があります）。

図表77 相続税法でいう評価額

（評価の原則）
第二十二条　この章で特別の定めのあるものを除くほか、相続、遺贈又は贈与により取得した財産の価額は、当該財産の取得の時における時価により、当該財産の価額から控除すべき債務の金額は、その時の現況による。

5 固定資産税評価額は㎡単価で見る

　固定資産税評価額の欄は、市町村（東京都は都税事務所）から郵送されてくる固定資産税課税評価額を記載します。

　この固定資産税評価額については、できればカッコ書きで㎡単価も記載しておくと便利です。㎡単価にすると便利な理由は、他の固定資産税評価額との比較検証がしやすいからです。特に、近隣で同じ用途に利用している土地については路線価や時価とのバランス（比率）で高いかどうかを簡単にチェックできます。

　固定資産税評価額は市区町村の自治体の職員が査定しています。この職員は、別に不動産の専門家ではありません。したがって、査定そのものに問題が生じるケースもあるのです。

　さらに、固定資産税のような賦課方式による税金の大半は、納税者も「自動振替」などによる支払方法を採用しています。固定資産税評価額が高いのか安いのか、その結果、支払っている固定資産税は妥当なのかどうかについてほとんど検証されていません。

　おそらく正しいのだろう、あるいは、正しくあってほしいという「思い込み」があるからです。年間に9兆円を超える固定資産税の検証はほとんどされていないというのが実情と言っても過言ではありません。

　特に、建物に関してはかなり詳細にチェックしておかなくてはなりません。なぜなら、固定資産税の納付金額に影響するだけではなく、相続税にも大きな影響を与えているからです。

　建物の相続税の計算方法は、相続税財産評価基準において次のように定められています。

固定資産税評価額 × 1.0

つまり、建物の相続税評価の時価は固定資産税評価額相当額でよいとされているのです。そのため、建物の固定資産税評価額が高く査定されていると、その結果、相続税評価額まで高くなってしまいます。

　もちろん、建物を評価する場合にはかなり詳細なマニュアルに沿って査定されます。それでも、数値に落とし込むまでには査定人の心証によるところが多々あるのです。鉄骨構造なのか鉄筋構造なのかだけでも固定資産税評価額は大きな違いになってしまいます。

　したがって、土地は「用途」と「㎡単価」をベースに近隣土地と比較、建物は「構造」や「内部の造作」などと建築後の経過年数などを比較していくことが望まれます。

　地方自治体は、毎年3月1日から3月20日までの間に固定資産税台帳を開帳することが義務付けられています。登録内容を所有者や関係者に確認してもらうための制度です。不動産経営管理シートを初めて作成する際には、こうした点を不動産オーナーの了承を得て一度検証しておくことも必要です。

　もちろん、不服があるときには、縦覧期間の初日から終了日後10日までの間に固定資産評価審査委員会に「審査の申出」をすることができます。ただ、固定資産評価審査委員会ではほとんどが却下されます。したがって、裁判所へ提訴していく方が早いでしょう。

6 用途や面積などの記載理由

　四価の記載の仕方や記載に至る考え方、あるいは、それぞれの意味などについても述べてきました。ただ、そのためには、①用途、②面積、③取得日、④取得原因という項目をまとめて四価と連動させておかなくてはなりません。

前述のように、用途は相続税評価額や固定資産税評価額の算定根拠になっています。さらに、収益力の検証においても用途との関連性を検証することとなります。

　面積は、四価それぞれで㎡単価を算出するために必要です。それだけではなく、四価の全てにおいて面積が影響を及ぼします。

　たとえば、相続税評価額なら小規模宅地等の評価減を受ける場合の選択基準 ── ㎡単価と用途との検証から優先順位を付けていく ── や、大規模土地などの場合の広大地の判定などであり、時価なども一団のまとまった土地か否か、などによって影響が出るからです。

　取得日は売却を考えている場合には重要です。長期譲渡の対象か短期譲渡の対象かによって所得税や住民税の税率が変わるからです。

　さらに、買換特例などは所有期間10年超などという取り決めも多く、そのためには取得日は意識しておかなくてはなりません。また、取得原因によって取得日の記載の仕方が異なってきます。

　たとえば、相続や贈与による取得なら、その相続や贈与の相手方（つまり、被相続人や贈与者）が取得した日を引き継ぐことになります。したがって、本来の取得日をカッコ書きで記載し、被相続人や贈与者が取得した日を取得日として記載することになります。もちろん、被相続人や贈与者も相続や贈与によって取得した場合には、さらに遡って実際に購入、建築した日を記載することになります。

　建物だけは、増築したり大規模修繕などをしているケースがあるため、そのチェックもしておくことが必要でしょう。また、青色決算書の貸借対照表に構築物などの資産項目があると建物以外として相続財産に加算されますので、不動産経営管理シートに加えておく

ことでより全体像が見えてきます。

　買換特例や交換特例を適用して取得した場合には、取得原因は「買換」とか「交換」としておくべきです。

　買換特例の場合には、取得価額は引き継ぎますが取得日は引き継ぎません。つまり、取得価額（不動産経営管理シートでは帳簿価額）はすでに売却してしまった不動産の帳簿価額と買換資産の取得価額のうち20％課税部分に見合う金額を引き継ぐこととされています。

　したがって、帳簿価額には新しく計算した買換資産の金額を記載し、実際に購入した金額はカッコ書きでまとめておくことが望まれます。また、取得日は引き継げないため、買換資産を購入した日を記載すればよいのです。

　一方、交換の場合には、交換した不動産の取得日も取得価額も引き継ぐこととされています。したがって、交換して引き渡した従前の不動産の取得日や取得価額を記載することとなります。

　買換特例を適用した後に、その後交換した不動産のケースでは、買換えで取得した日が交換後の取得日となり、取得価額は買換え前の譲渡資産の帳簿価額をベースとした金額になるはずです。

3 不動産債務の作成方法と自己資本の判定法

1 不動産事業の債務検証

　債務項目の大半は借入金と預り敷金や預り保証金です。不動産賃貸事業の場合には、家賃や地代は1ヶ月前払いのため、前受金という負債が発生しているのが常態です。しかし、不動産経営管理シートでは、実際に返還しなくてはならない不動産に係る債務のみを記載します。

　したがって、この欄には土地・建物の区分の必要はありません。大半の不動産借入金は土地・建物の双方が担保提供されており、借入金はAマンションやBマンション全体に対するものだからです。

　時価や借入金債務は毎年変動しています。したがって、常時検証しておけば現時点において時価から債務を控除した純資産がプラスであるかどうかということを確認できることになります。仮に、マイナスであるということは、その物件は企業でいう資本の欠損という状態に陥っているというわけです。

　甲氏が所有している3つの収益性物件を不動産経営管理シートからバランスシート（**図表78**）に変えてみましょう。

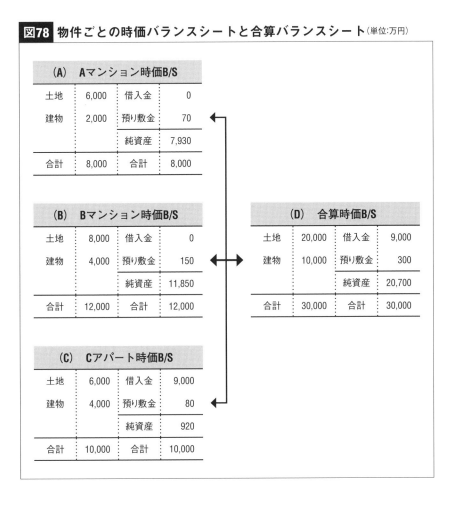

図78 物件ごとの時価バランスシートと合算バランスシート（単位：万円）

　ここでわかることは、不動産経営管理シートは不動産所有者の不動産事業に関するバランスシートを横書きにしたものだということです。甲氏の所有する不動産事業を時価会計によってまとめると（D）の合算時価B/Sの表になり、それぞれ物件ごと（企業でいえば分社化）にまとめるとAマンション，Bマンション及びCアパートの各時価B/Sになるというわけです。

　どの物件を「どうすれば所有者の不動産事業の財務体質の改善に

つなげられるか」、あるいは、「相続税の軽減や納税資金対策、不動産の分割といった相続戦略が立案できるか」、さらには、「不動産を上手に活用して収益力アップをするための手法構築にもつなげられるか」を一見で確認することができるということです。

　不動産経営管理シートを作成すると、不動産に係るあらゆる情報が整理されていることがわかります。こうした正確な不動産情報を一覧で見ることによって、様々なテーマに関して対策を考えやすくなるのです。不動産経営管理シートの内容チェックを行うことで、不動産所有者の抱える本質的な問題点が整理されてくるはずです。

2 図表74の左側で自己資本の妥当性を考える

　不動産経営管理シートの純資産の欄より左側には、資産としてのあらゆる数値的な不動産情報が網羅されています。特に最下段の合計欄は、不動産オーナーの不動産の全体像が一目瞭然で理解できるようになっています。

　純資産は、（時価－債務合計）で求めます。これは不動産オーナーの純不動産資産であり、本来の不動産価値ともいえます。つまり、土地などの時価は高いが借入金などの債務が多いと、その土地の本来の純不動産資産は少なくなるわけです。したがって、こうした場合に戦略を立案する場合には、不動産と債務のバランスチェックをしておかなければなりません。

　不動産と債務のバランスチェックとは、企業でいうと、純資産比率（自己資本比率）や負債比率の現状をチェックして適正かどうかを考えるということです。

　たとえば、**図表74**の不動産経営管理シートを見ると、Ａマンションと Ｂマンションは純資産比率がいずれも約99％ですが、Ｃアパー

トは約9％しかありません。

```
Aマンション    7,930万円 ÷  8,000万円 ≒ 99.13％
Bマンション   11,850万円 ÷ 12,000万円 ≒ 98.75％
Cアパート       920万円 ÷ 10,000万円 ≒  9.20％
```

甲氏の所有する不動産全体では、自己資本比率は69％と最低目標の60％は超えています

```
甲氏不動産全体：20,700万円 ÷ 30,000万円 ＝ 69.00％
```

したがって、甲氏の不動産全体を考えればCアパートを所有していても財務戦略上は大きなマイナス要因にはなっていません。ただ、大きなマイナスになっていないのは、AとBのマンションを所有しているためであって、Cアパートの存在は全体の純資産比率に対してはマイナスの影響を及ぼしているということがわかります。

4 利益分析表（簡易P/L）の作成法

1 図表74の右側は利益分析表

　そこでCアパートの必要性を検証するために、**図表74**の不動産経営管理シートの右側に目を向ける必要があります。右側は、簡易型の損益検証データ（利益状況）が網羅されているからです。つまり、財産価値を見る左側と、収益力を見る右側を1つの欄でまとめることによって、物件ごとの資産価値と収益力を一覧で見ることができるというわけです。

　Cアパートは甲氏の不動産収入の43.2％を占めており、投資に対するグロスリターン率（GR）は15.0％、ネットリターン率（NR）は10.5％となっています。

Cアパートの全体に対する収益構成比
　　　　　　　　　　　：1,500万円 ÷ 3,470万円 ≒ 43.2％
Cアパートのグロスリターン率：1,500万円 ÷ 10,000万円 ＝ 15.0％
Cアパートのネットリターン率：1,050万円 ÷ 10,000万円 ＝ 10.5％

　Cアパートの自己資本比率は9.20％しかありませんが、収益力は高く、仮に借入金の金利率が年3％だとしてネットリターン率

10.5％と比較すれば、レバレッジが効果的に発揮されていることがわかります。収益に対するコスト負担率は30％と他の２つの物件より高いため、損益分岐点売上高も高くなります。

ただ、稼働率が100％ということは、テナントニーズが高いため、立地や賃料の優位性があることがわかります。そうすると、仮に、借入金返済が重荷になっている場合、アパート以外の物件による対応法が投資効果を高めることになるということです。

Ｃアパートのコスト負担率：450万円 ÷ 1,500万円 ＝ 30.0％

２ 収益状況は２つのポイントで見る

図表74の不動産経営管理シート右側の欄（利益状況一覧表）を解説していきましょう。

年間収入の欄には満室収入と前１年間の実際収入の２つの項目が必要です。満室収入欄のカッコ書きは、満室で推移した場合のグロスリターン率です。つまり、時価と収益のチェックポイントを見るための最初の数値です。

実際収入のカッコ書きは満室収入との比率で、要は稼働率のことです。たとえば、Ｂマンションが88.9％なのは、平均空室率が11.1％あったということになります。

年間収入の構成比は、甲氏所有不動産の中でどの物件がどのくらいの収益をあげているのかという比率です。Ｃアパートは甲氏の売上高3,470万円のうち1,500万円を占め、全体の43.2％を稼いでいることがわかります。

❸ 費用欄は売上と面積比がベター

　費用欄の各項目については、収入に対する割合や賃貸面積に対する割合をカッコ書きで示すと、全物件の中でどの物件が相対的に高コスト体質になっているのかがわかります。固定資産税などは固定資産税評価額と関連付けておけば常時検証することが可能になります。

　費用合計の右欄の負担率は収入に対する割合で、甲氏のケースでは全体で22.2％となっています。収入に占める固定費が22.2％ですので、77.8％の利益率ということになります。

　もちろん、個々の物件を検証することで管理費や固定資産税などの㎡単位のチェックも可能になります。つまり、コスト管理などが一目瞭然にわかるということです。

　費用欄に借入金利息が入っていないのは、不動産物件が多くあるケースでは特定の物件に対する金利負担を考慮する必要はありません。なぜなら、金利率は純不動産資産とネットリターン率とを常にチェックしておけばよいからです。

　また、減価償却費も掲載していません。不動産投資の収益力を見るための利益は、基本的には、「減価償却前、金利控除前利益」で考えることが基本だからです。

　ただ、不動産所有者が法人の場合には、純利益の右に金利欄と減価償却費欄を設けた方が不動産事業部としての数値管理が一体化できます。

　また、現状の金利表示などをまとめておくことで、金融機関との交渉にも活用できます。

　摘要欄には今後どうしたいのかをまとめておきます。さらには、検討課題があればコメントしておくとよいでしょう。たとえば、物

納予定地とか、買換え予定地とか、あるいは、収益力が著しく悪い、などということを書いておくことで活用の際の参考になるはずです。

このように、不動産経営管理シートとは、不動産の健康診断書のことです。そのため毎年１回は点検が必要になるのです。

図79 物件ごとの利益状況と合算P/L（損益計算書）（単位:万円）

Aマンション

売上	690	(19.9%)
固定費	120	
純利益	570	(21.1%)

Bマンション

売上	1,280	(36.9%)
固定費	200	
純利益	1,080	(40.0%)

Cアパート

売上	1,500	(43.2%)
固定費	450	
純利益	1,050	(38.9%)

合算P/L（損益分析）

売上	3,470	(100%)
固定費	770	
純利益	2,700	(100%)

注）売上横のカッコ内は、甲氏の不動産収入の構成比
　　純利益横のカッコ内は、甲氏の不動産収益力の割合（利益構成割合）

【著者紹介】
塩見　哲（しおみ　さとし）
税理士・経営戦略コンサルタント

26歳から行っていた中小企業の再建・再生業務の中で、不動産の活用を見直すだけでも企業が継続できる可能性が高いことを知り、経営改善の手法を不動産再生の手法に用いてきた。

当時（1970年代〜80年代）は、「不動産を活用する」という発想がほとんどなく、そのため、日経BP社の『日経リアルエステート』（休刊中）で長期にわたって「土地活用講座」を連載する。

日本に導入される以前からFP（ファイナンシャルプラン）の不動産・税制・経営の講師や、日本電信電話公社（現NTT）など、大手企業の不動産活用の研修講師などを担当。海外案件のプロジェクト事業にも参加。

現在も（公財）不動産流通推進センター主催の公認不動産コンサルティングマスターの試験委員、「土地活用」や「不動産相続」などの専門士講座のプロデュースや講師を行っている。

不動産活用の教科書

2019年6月27日　初版発行　　　　　　　　　©2019

著　者　塩見　哲
発行人　今井　修
印　刷　藤原印刷株式会社
発行所　プラチナ出版株式会社
　　　　〒104-0061
　　　　東京都中央区銀座1丁目13-1　ヒューリック銀座一丁目ビル7F
　　　　TEL:03-3561-0200　　FAX:03-3562-8821
　　　　http://www.platinum-pub.co.jp
　　　　郵便振替　00170-6-767711（プラチナ出版株式会社）

落丁・乱丁はお取り替えいたします。　ISBN978-4-909357-41-0